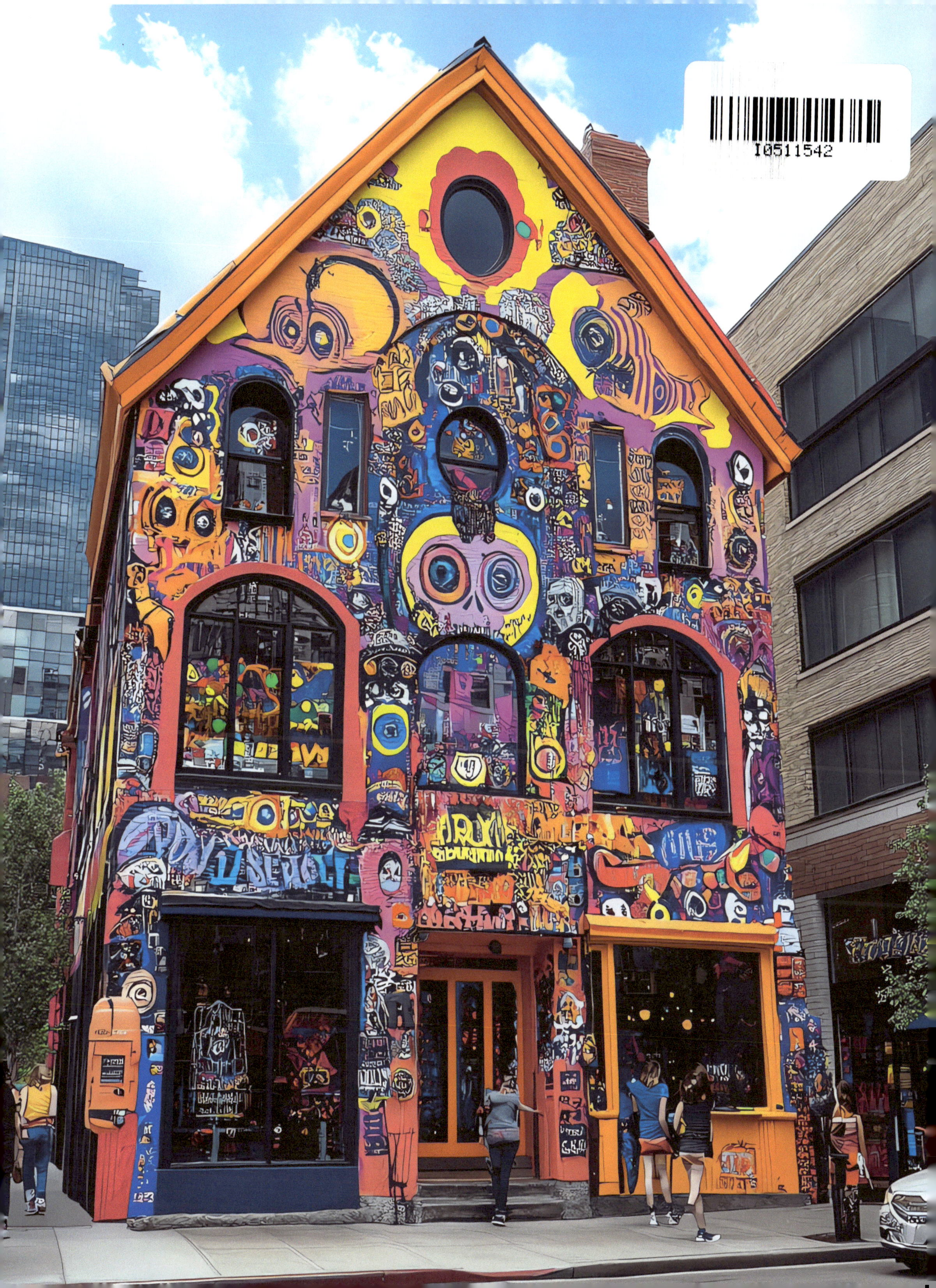

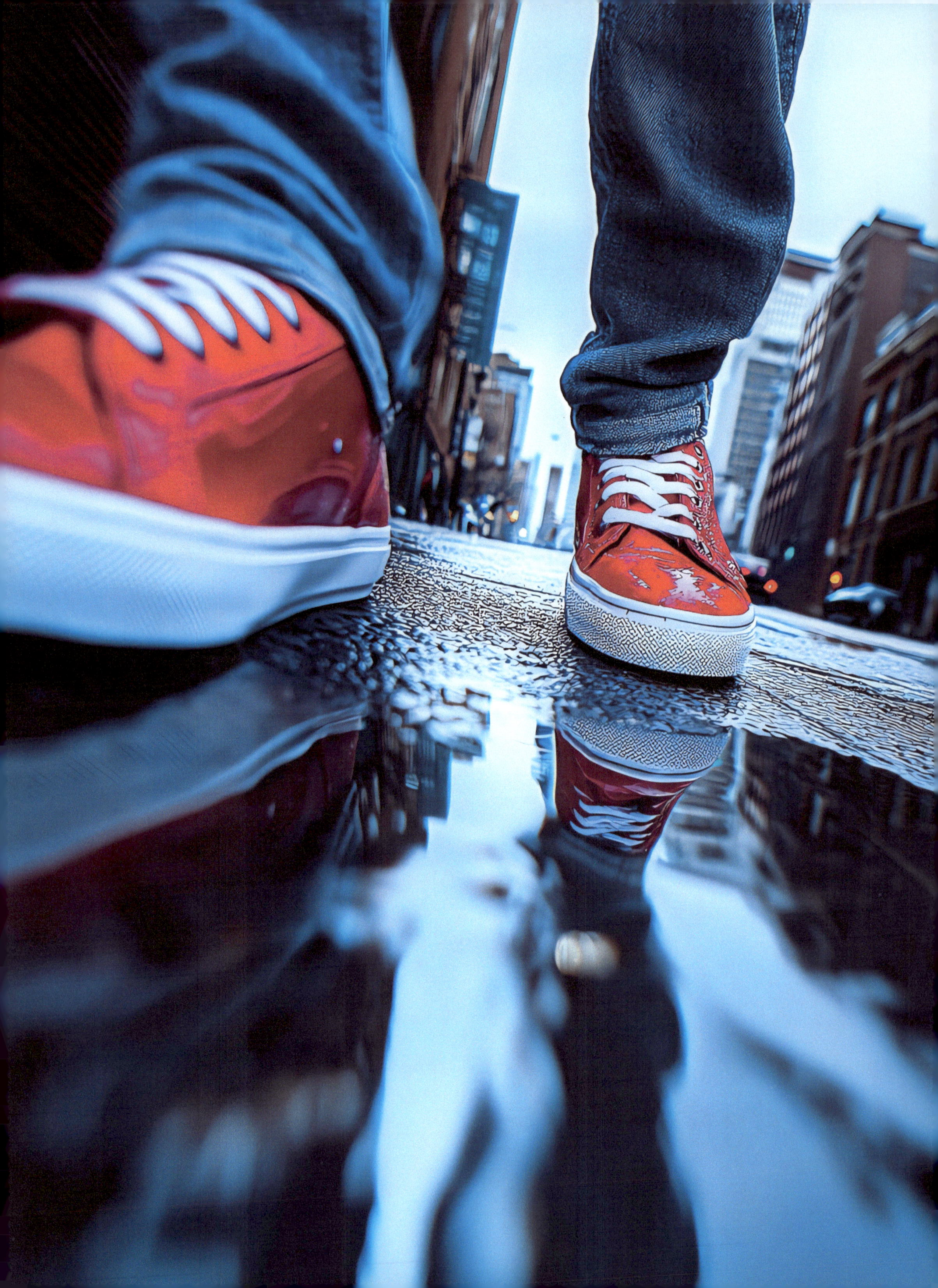

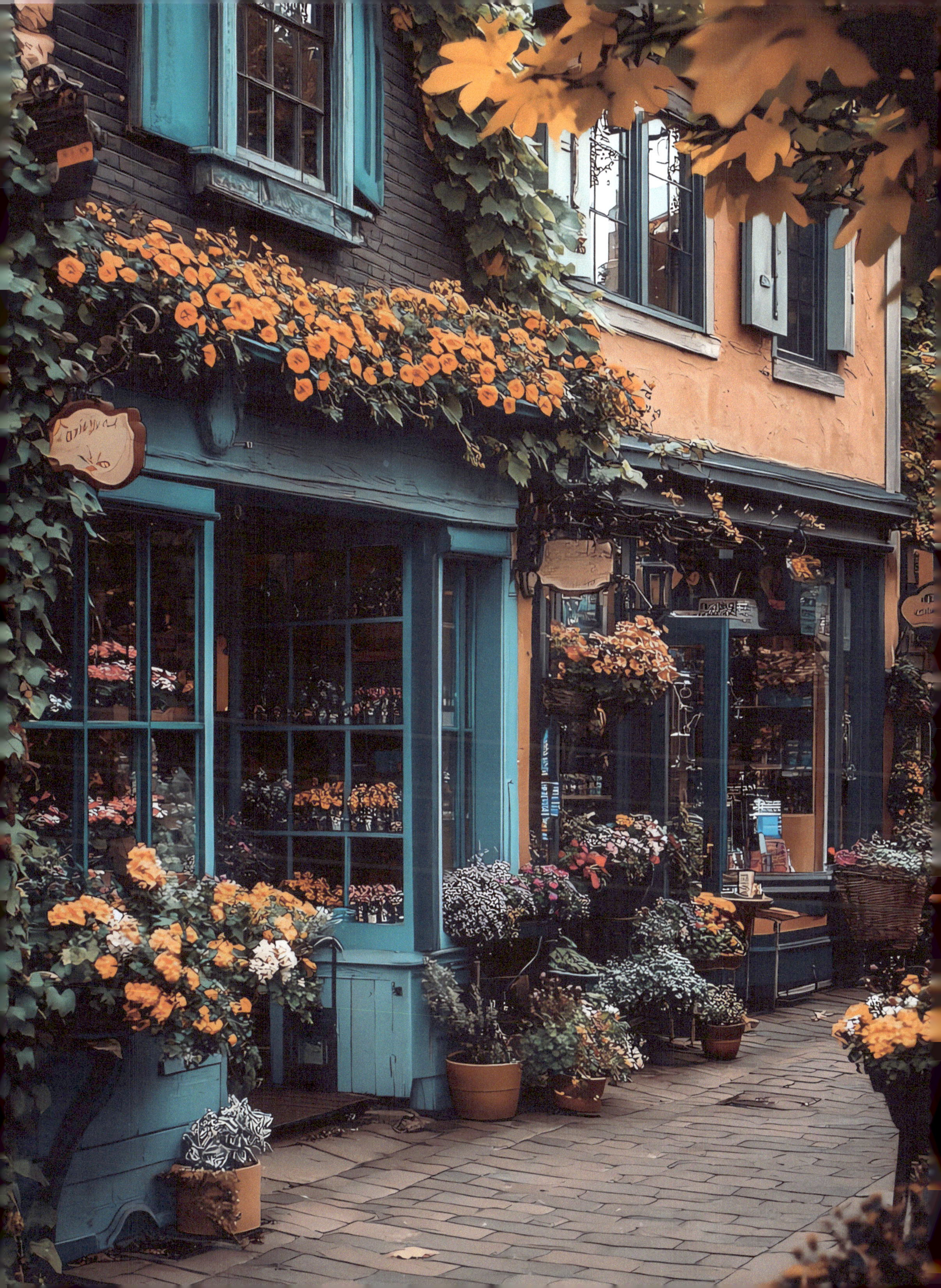

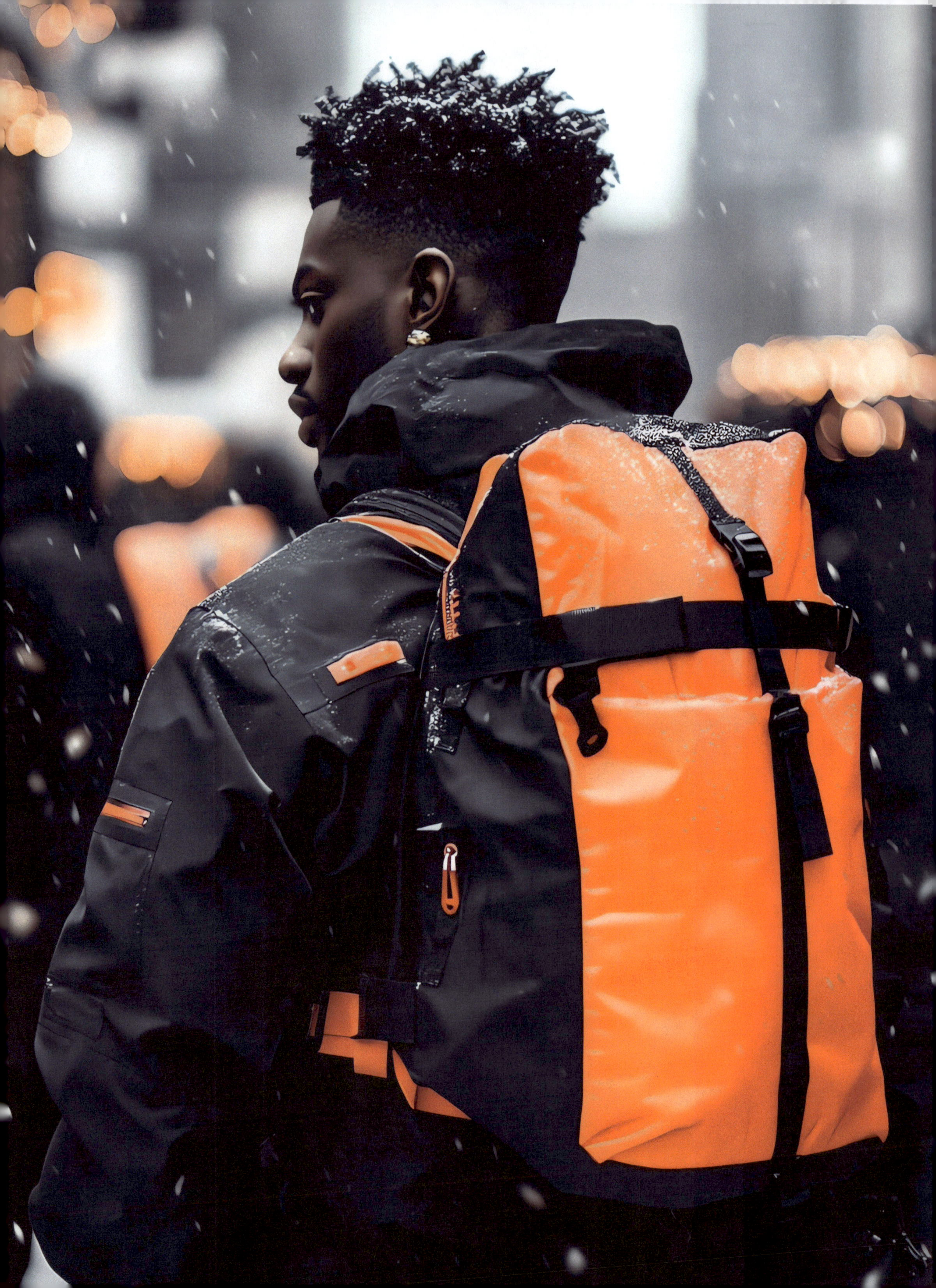

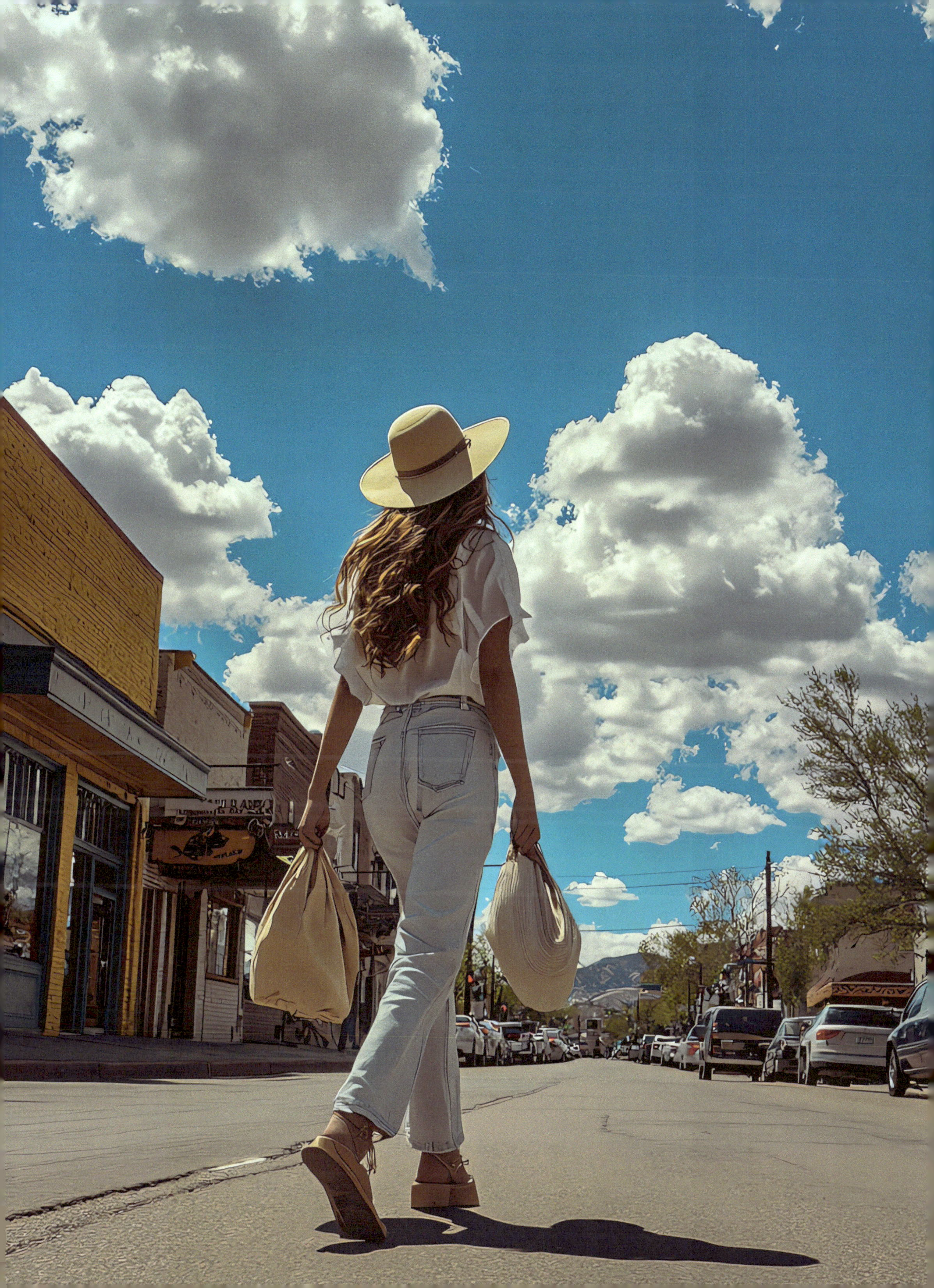

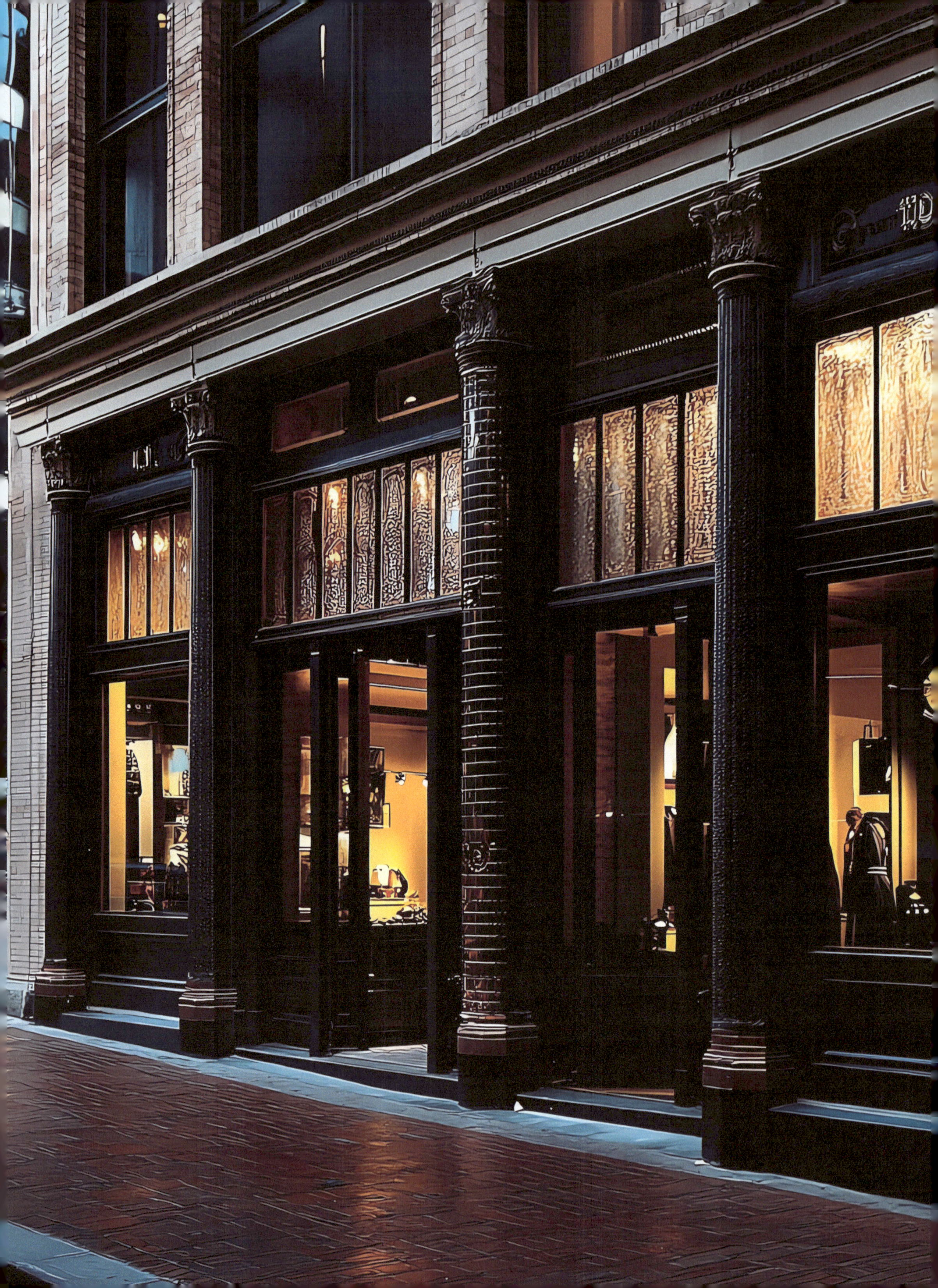

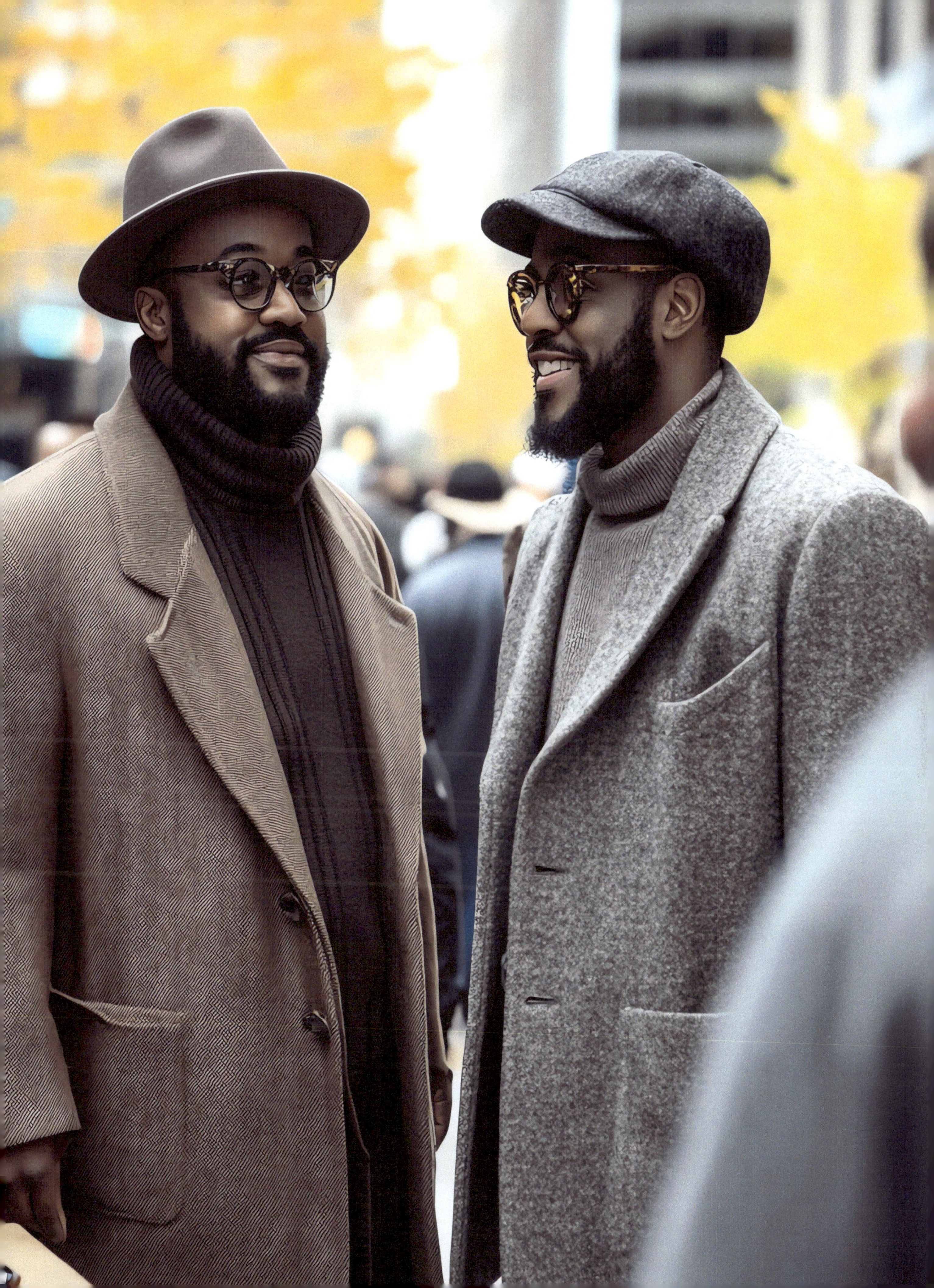

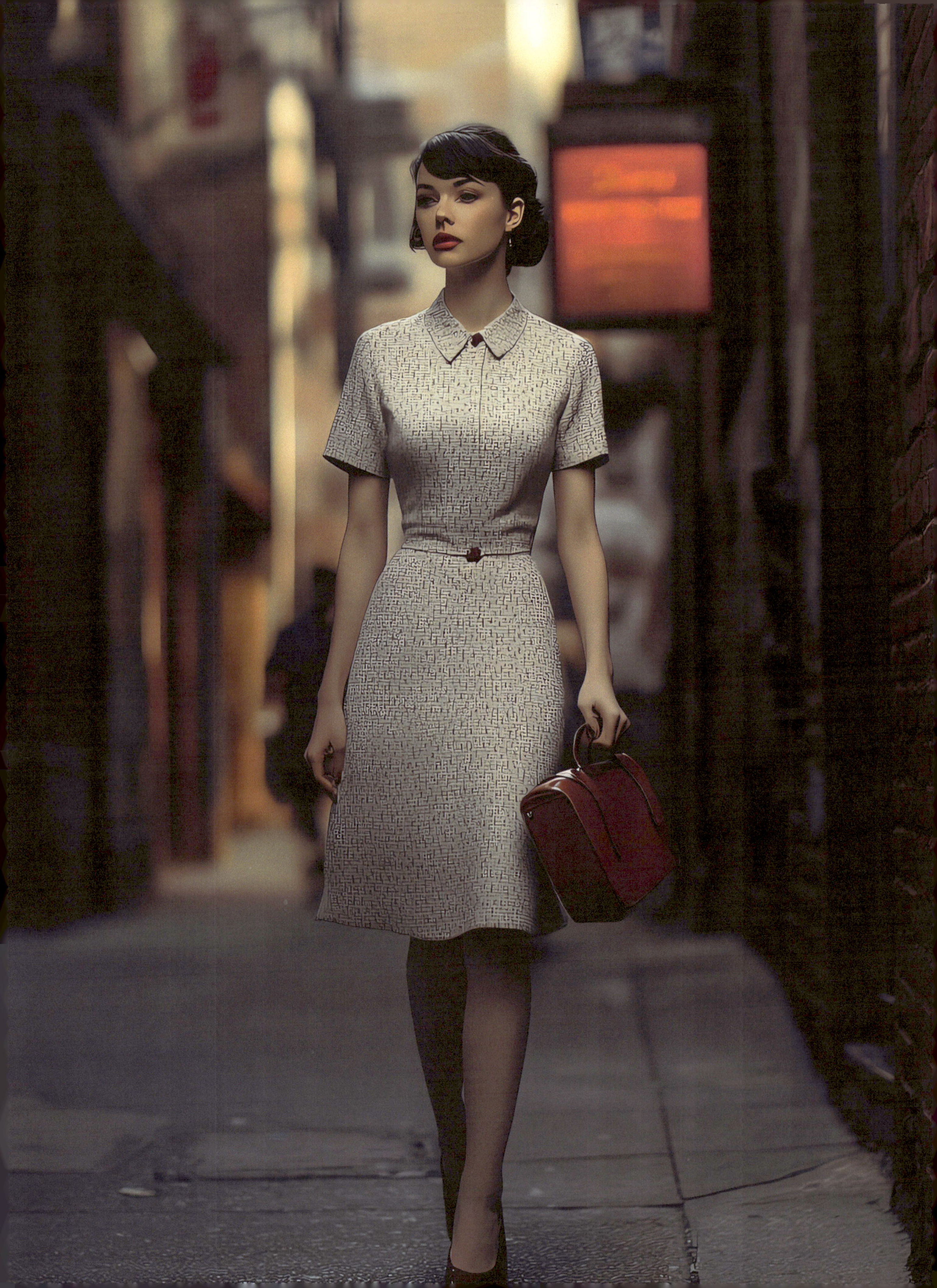

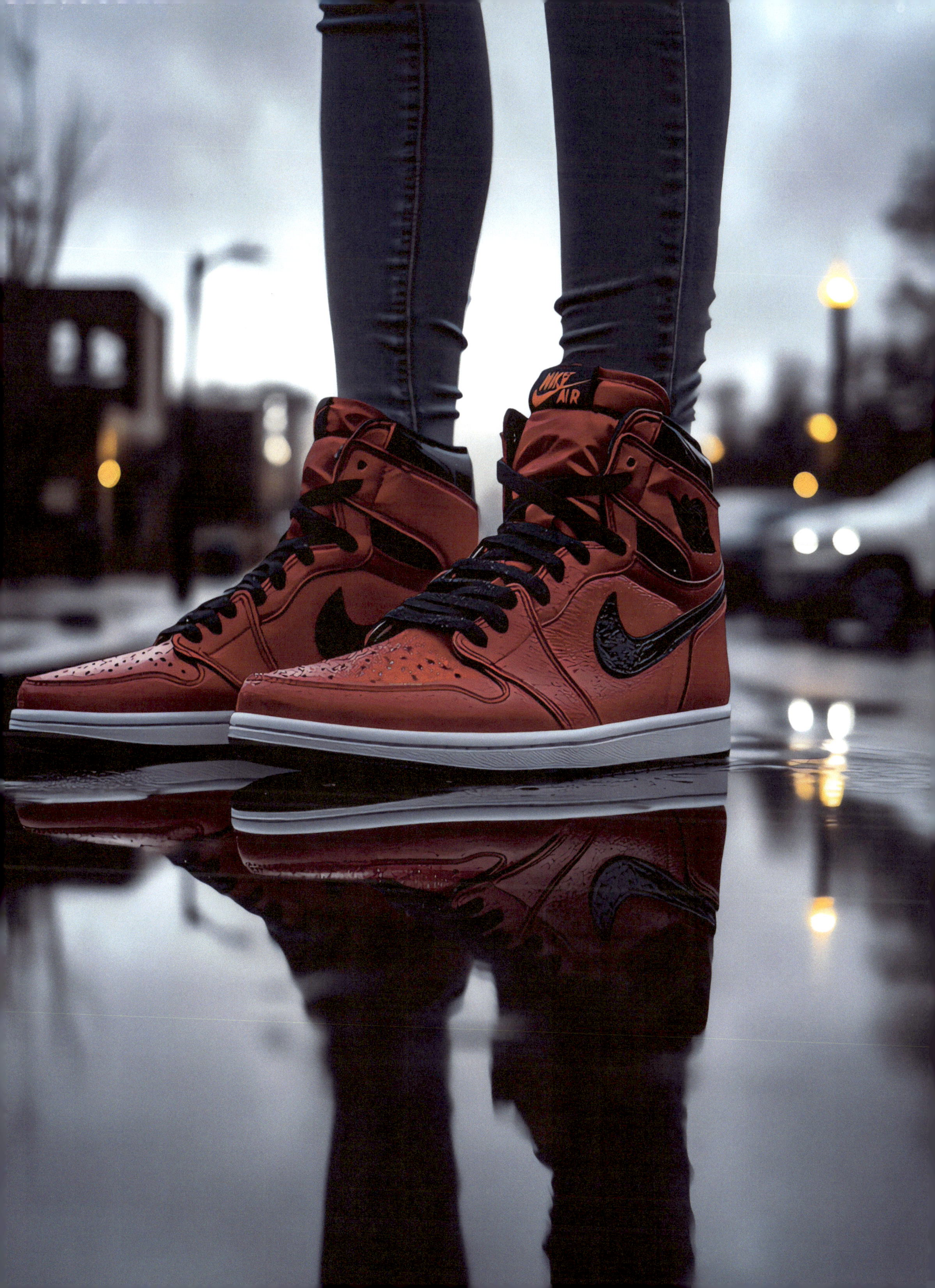
NIKE AIR

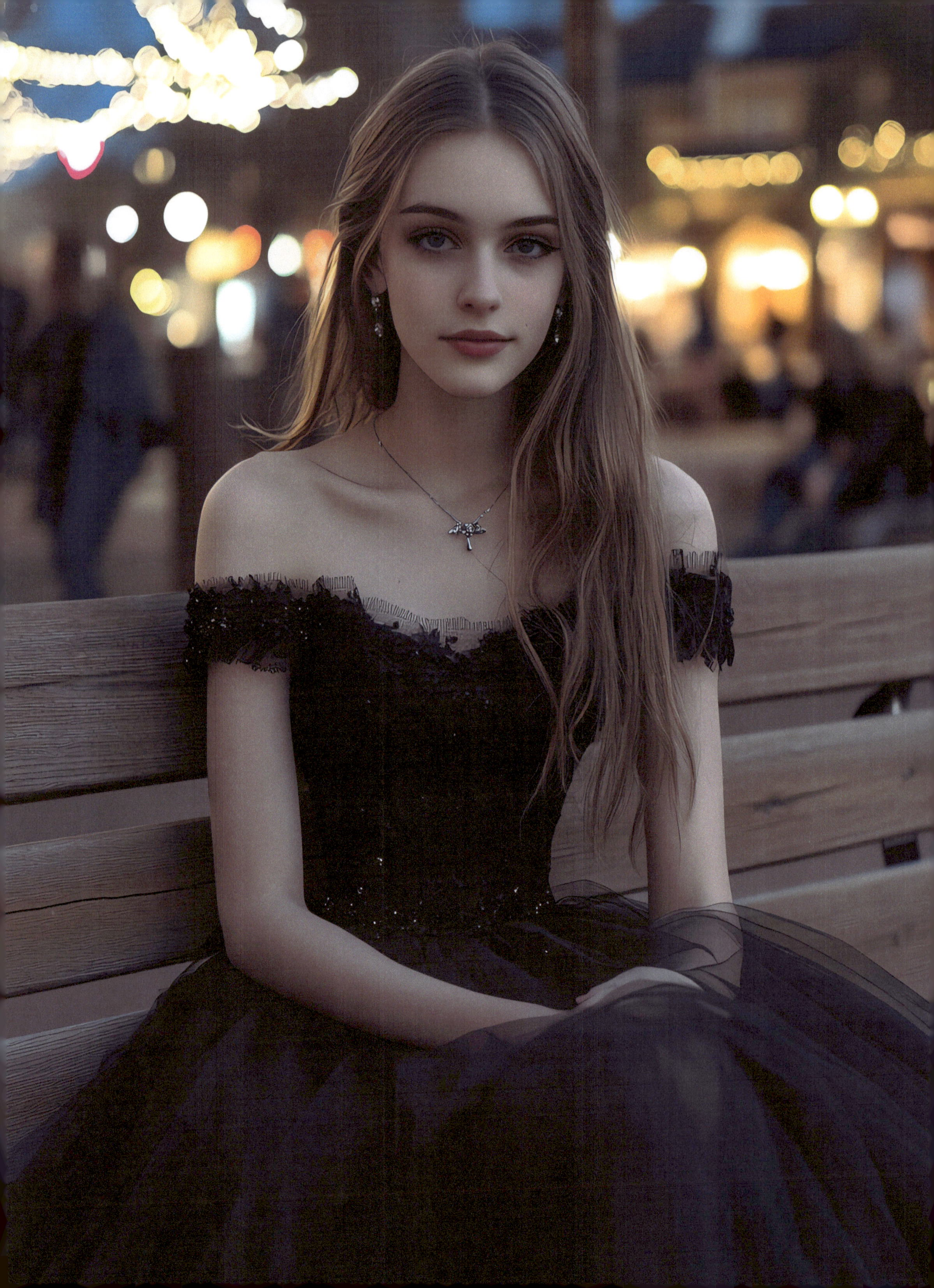

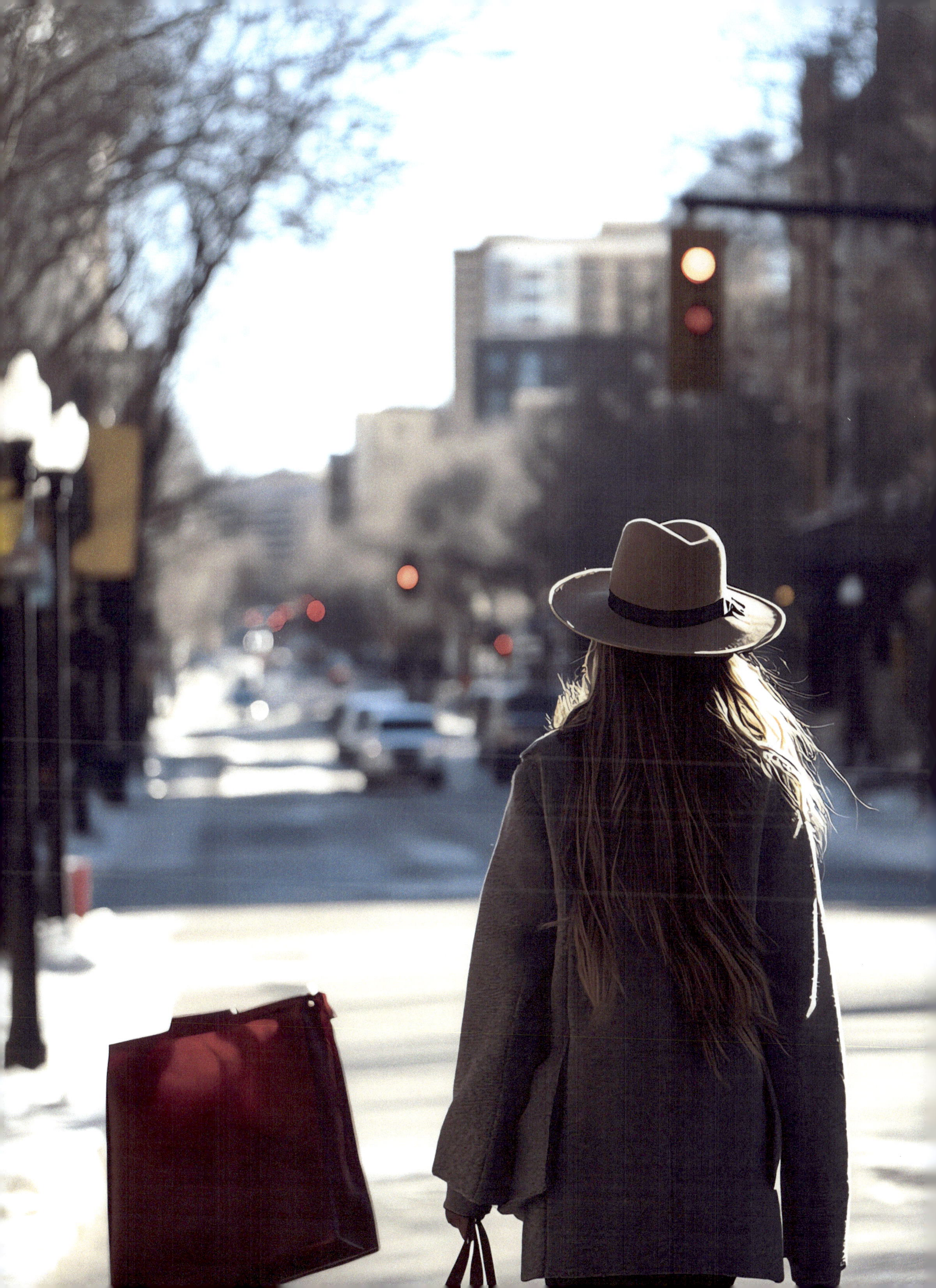

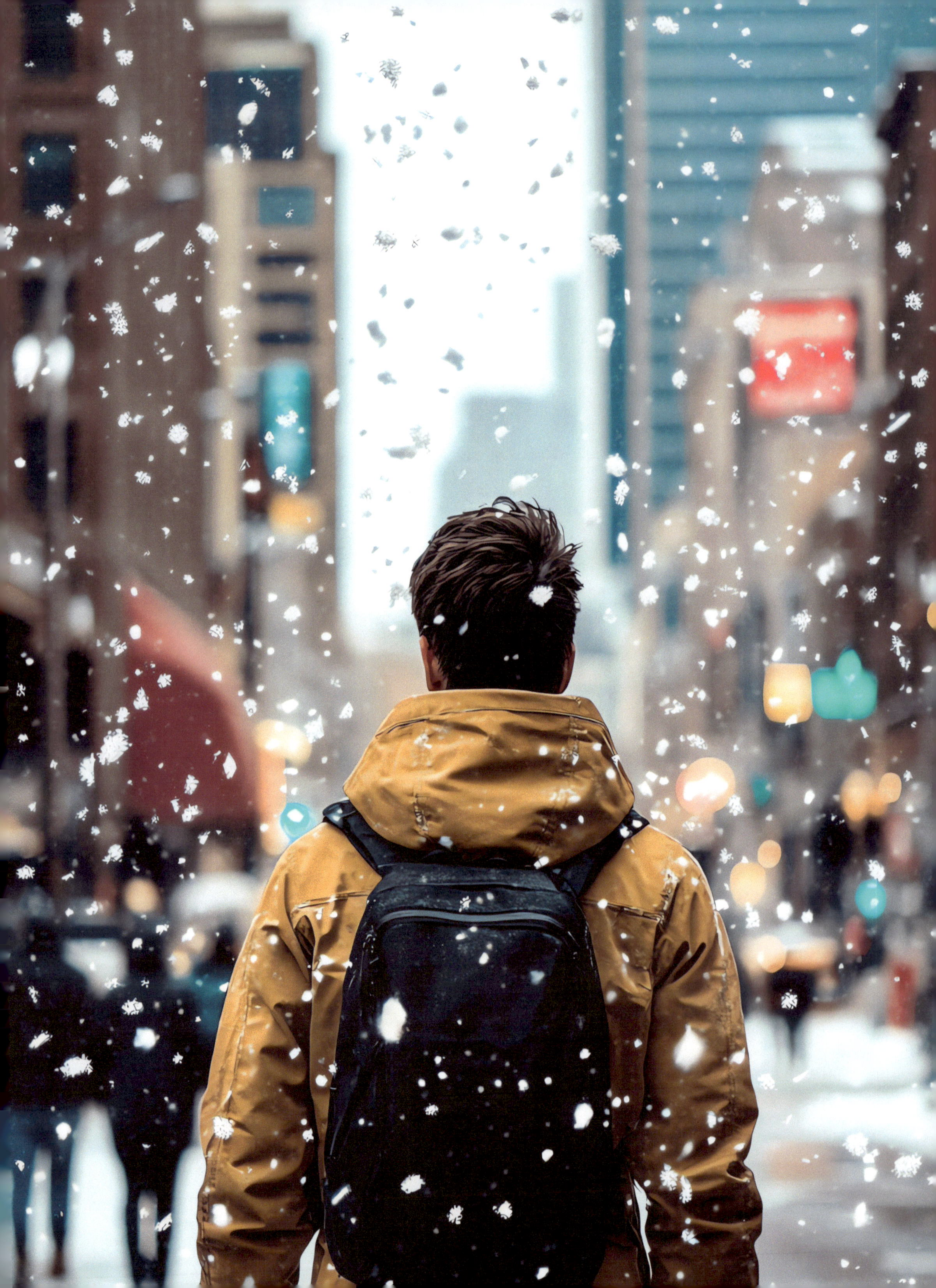

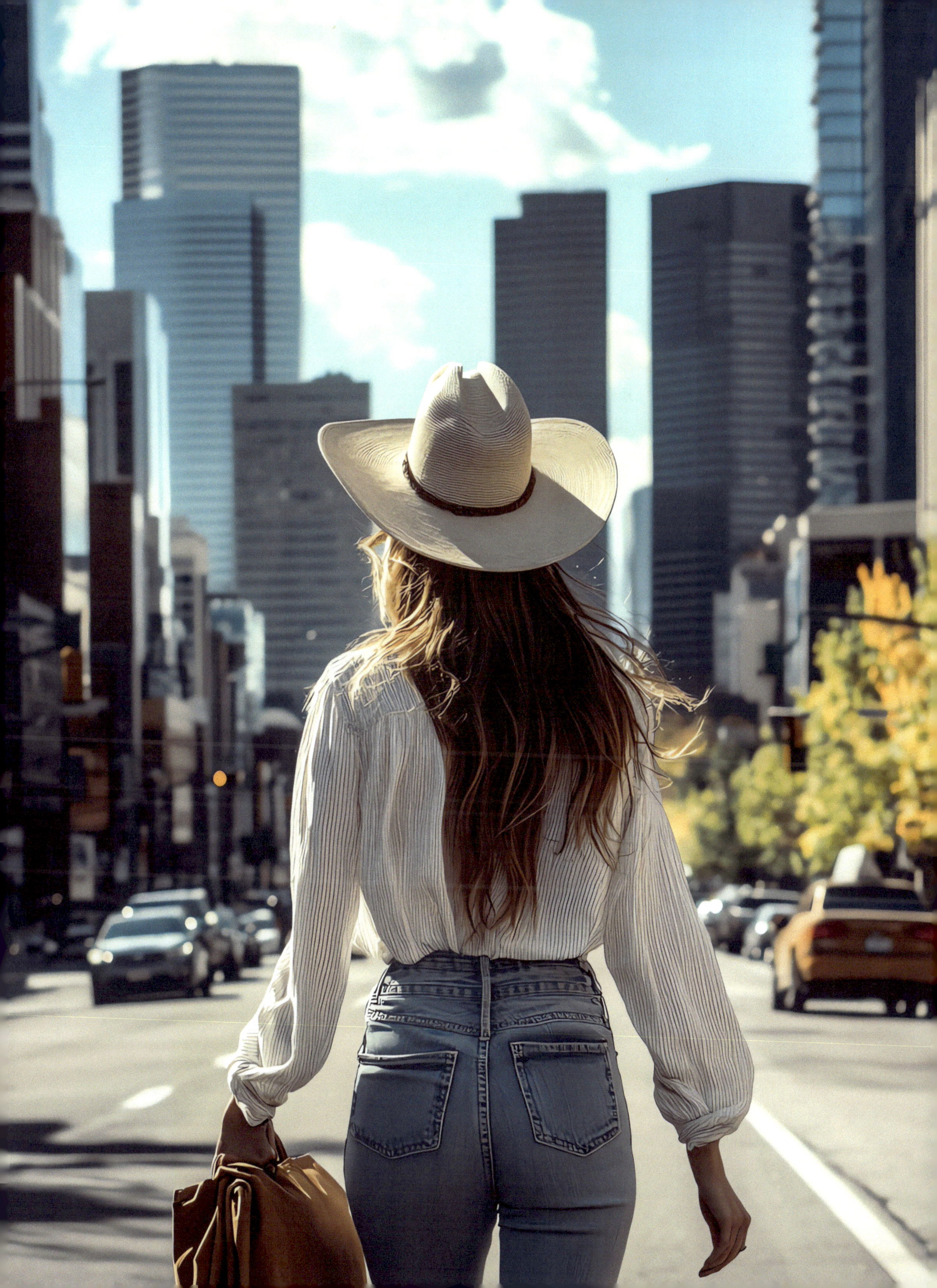

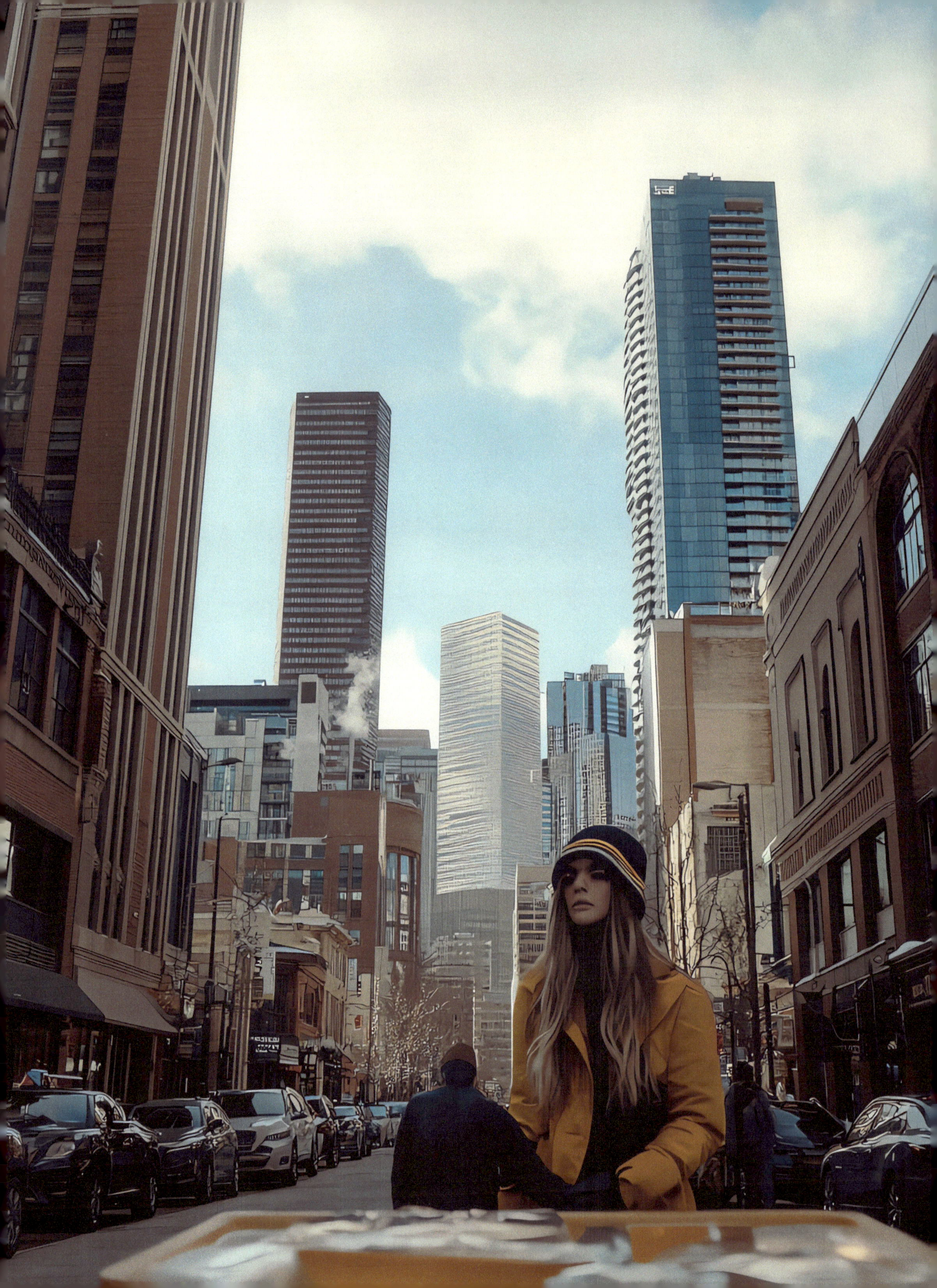

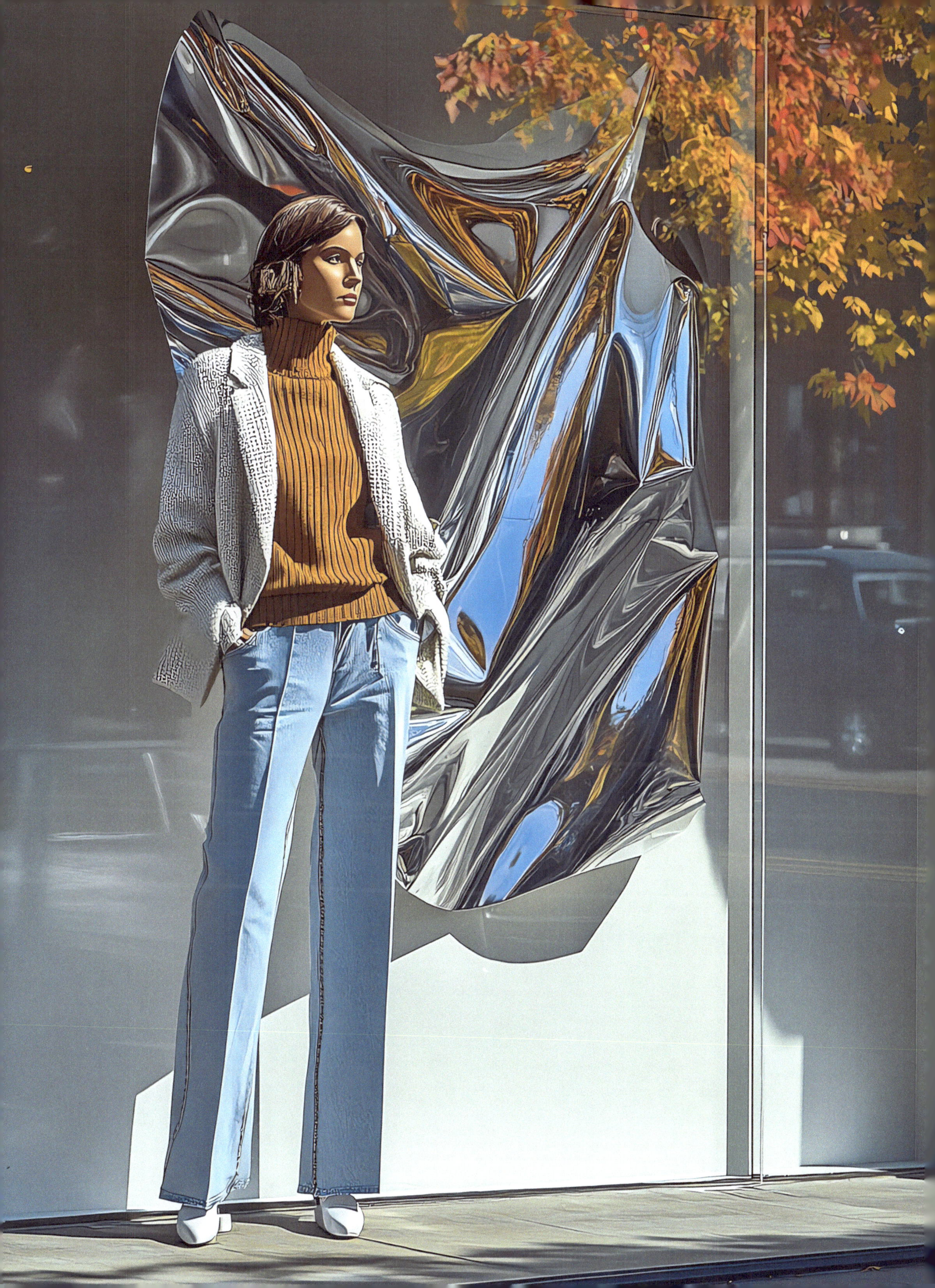

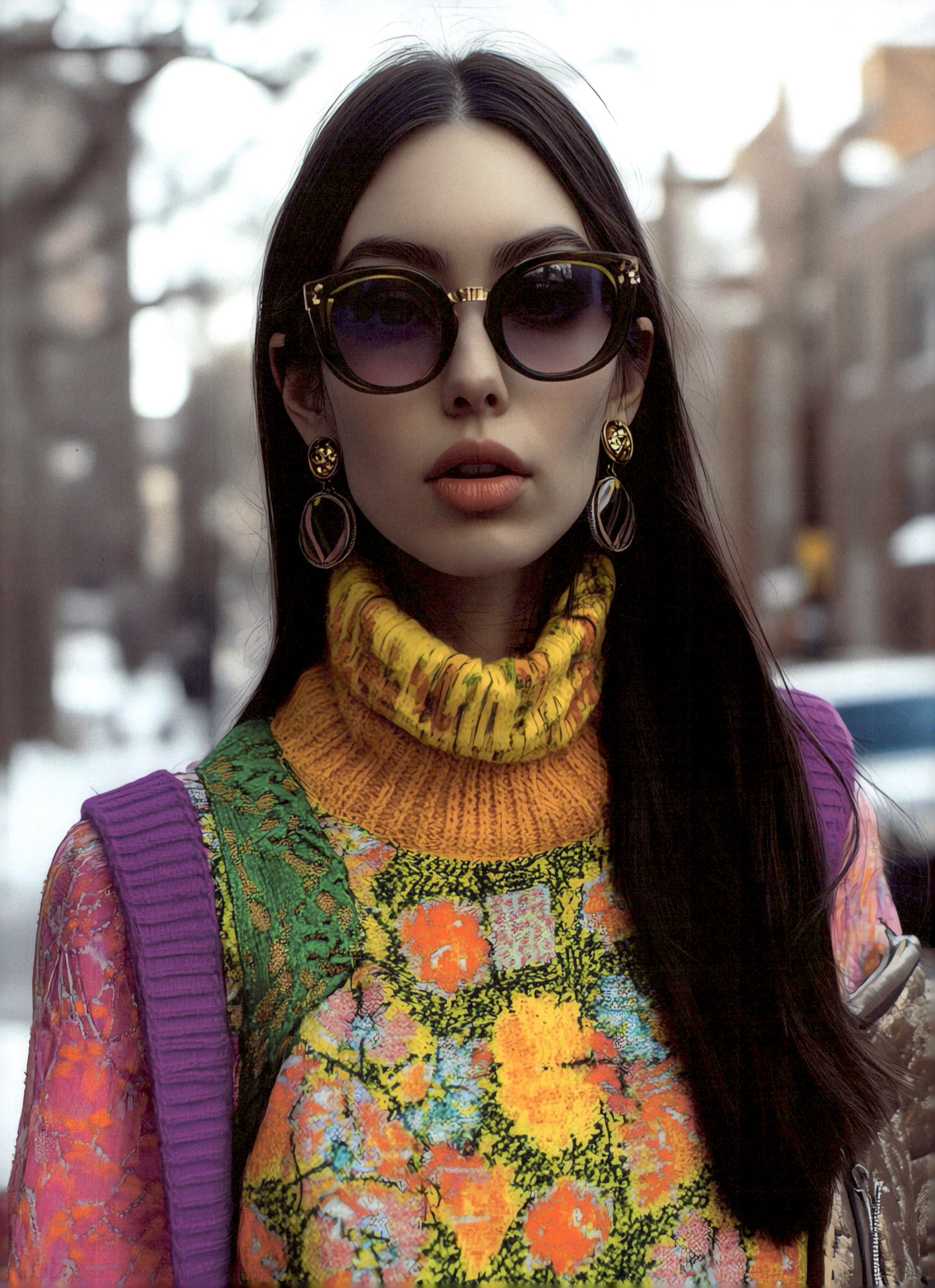

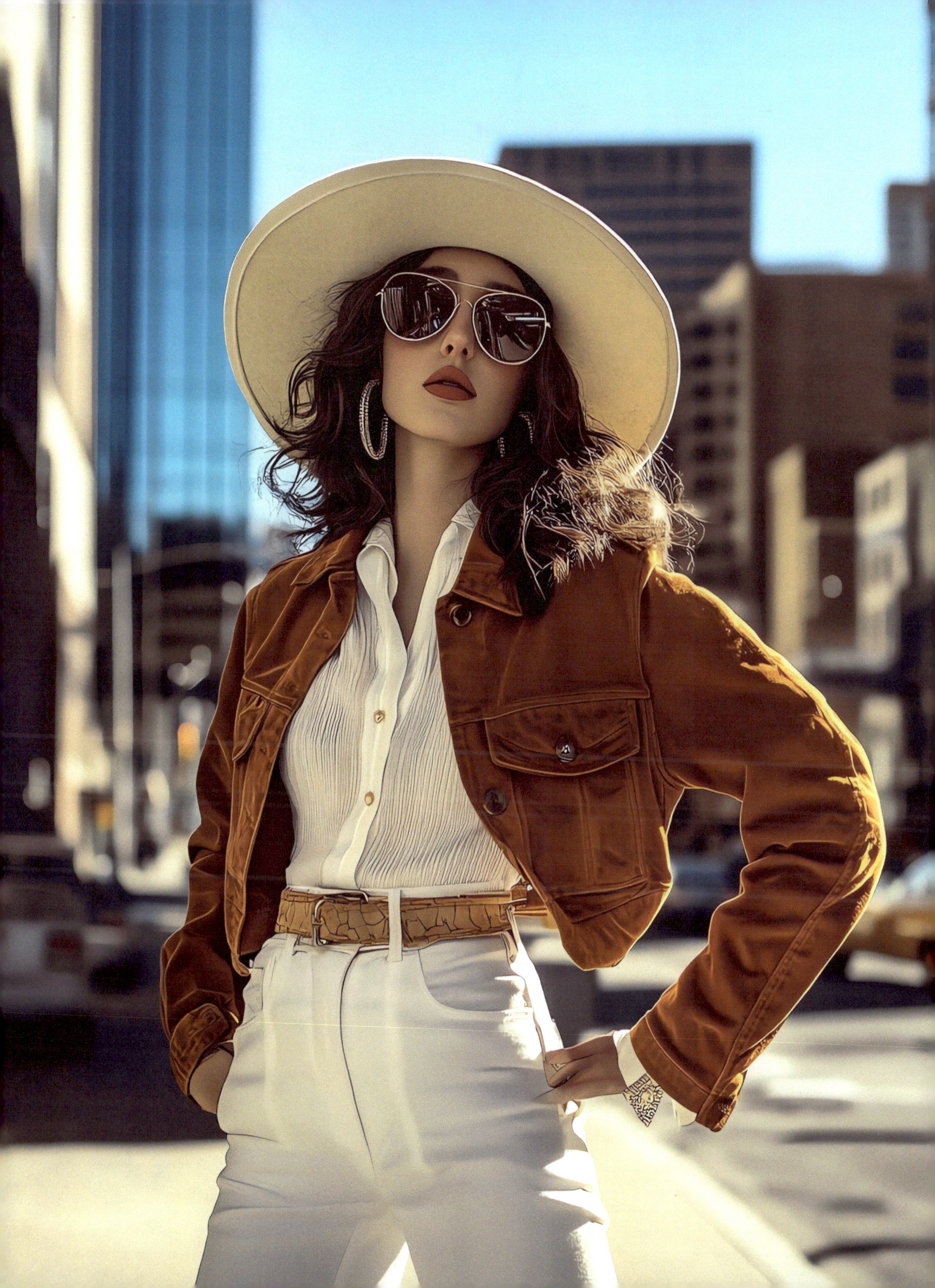

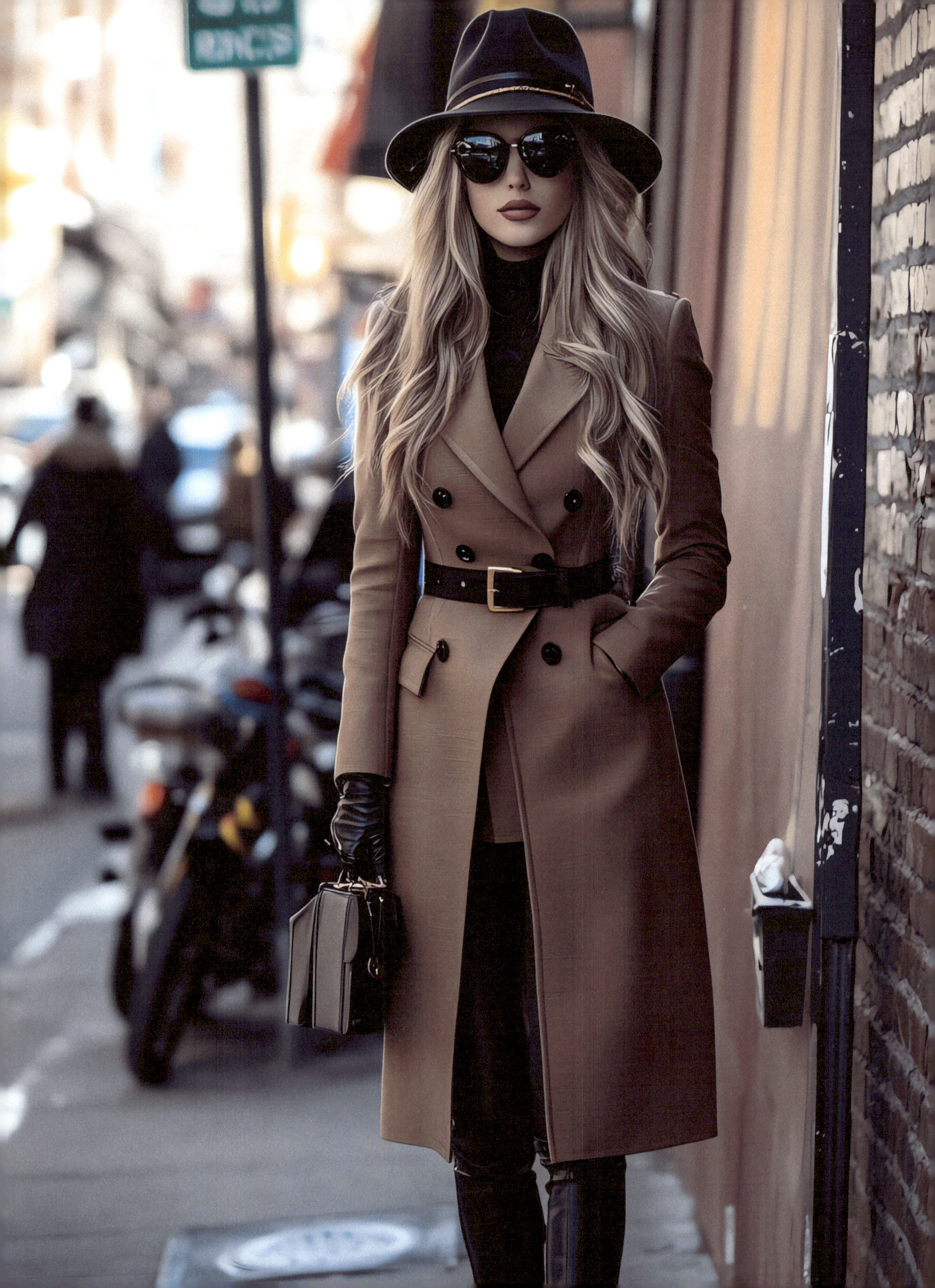

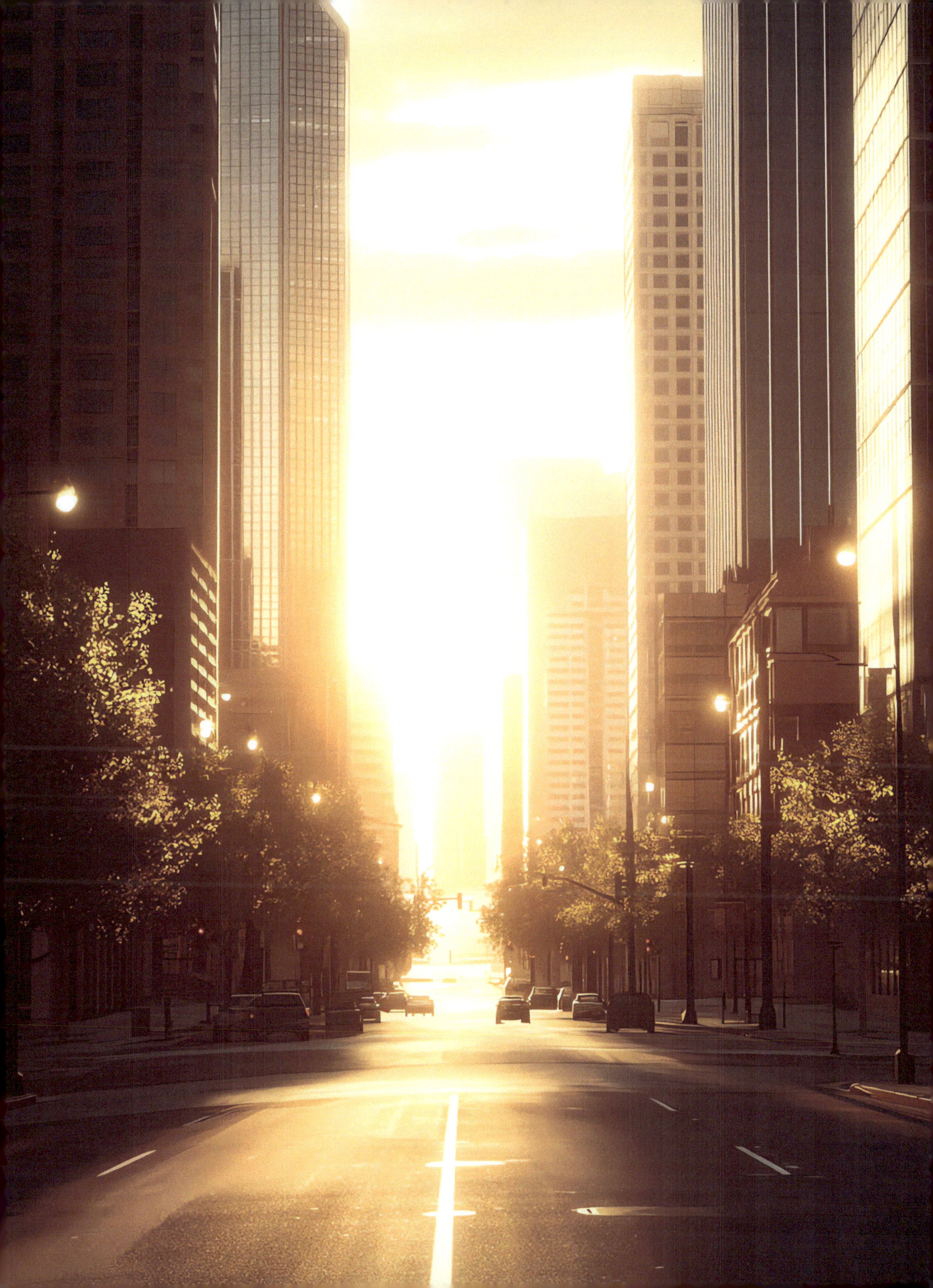

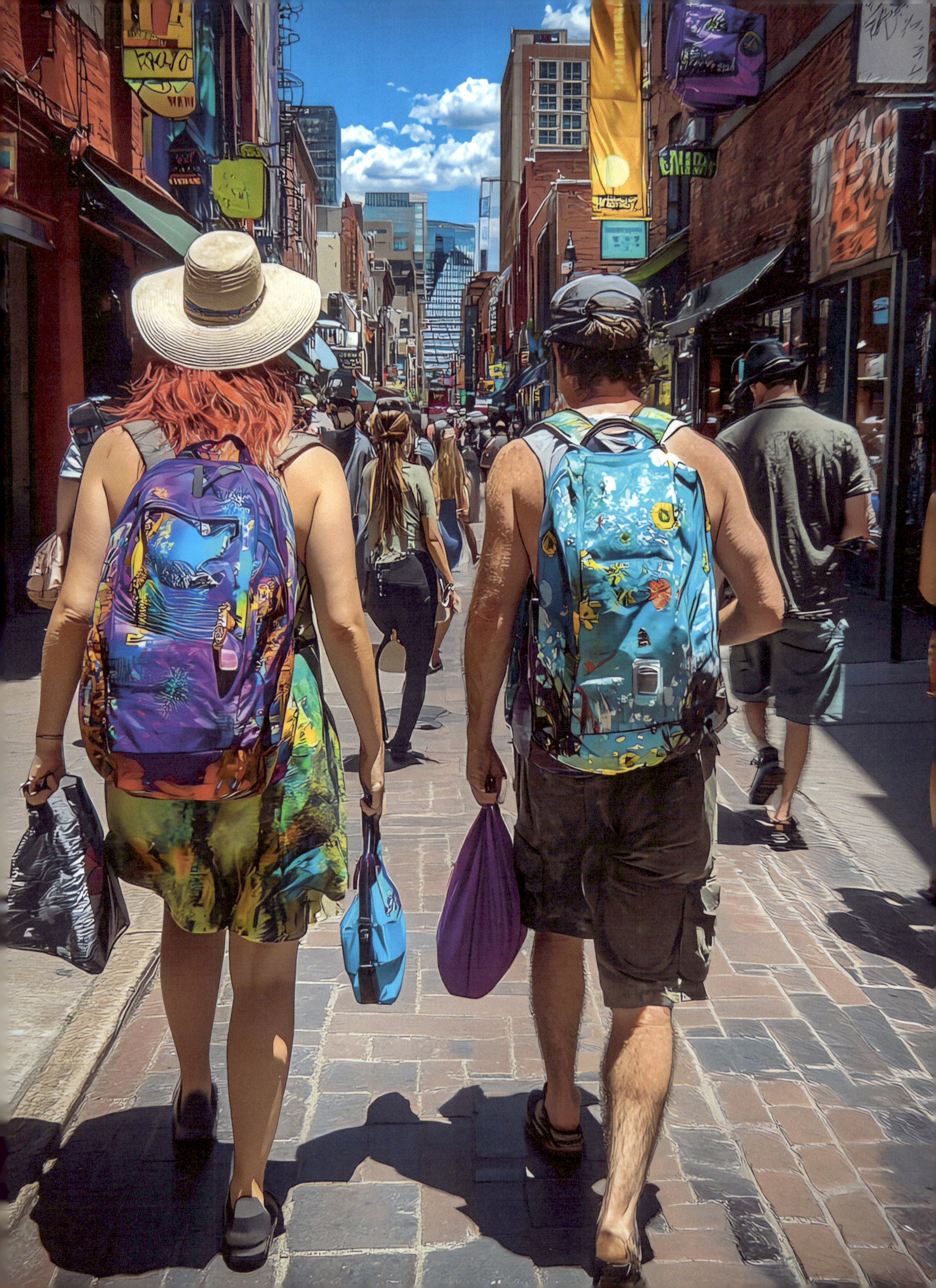

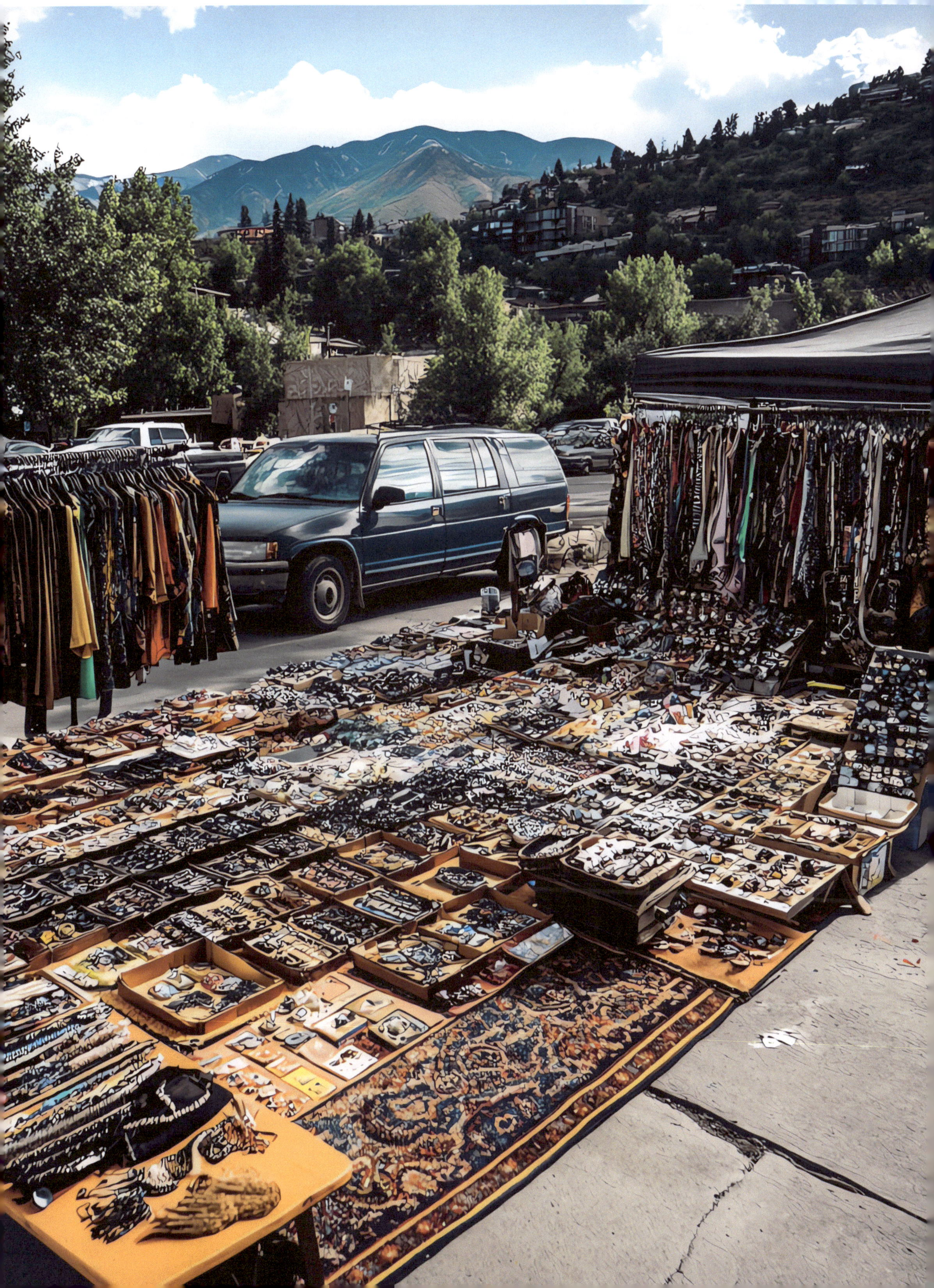

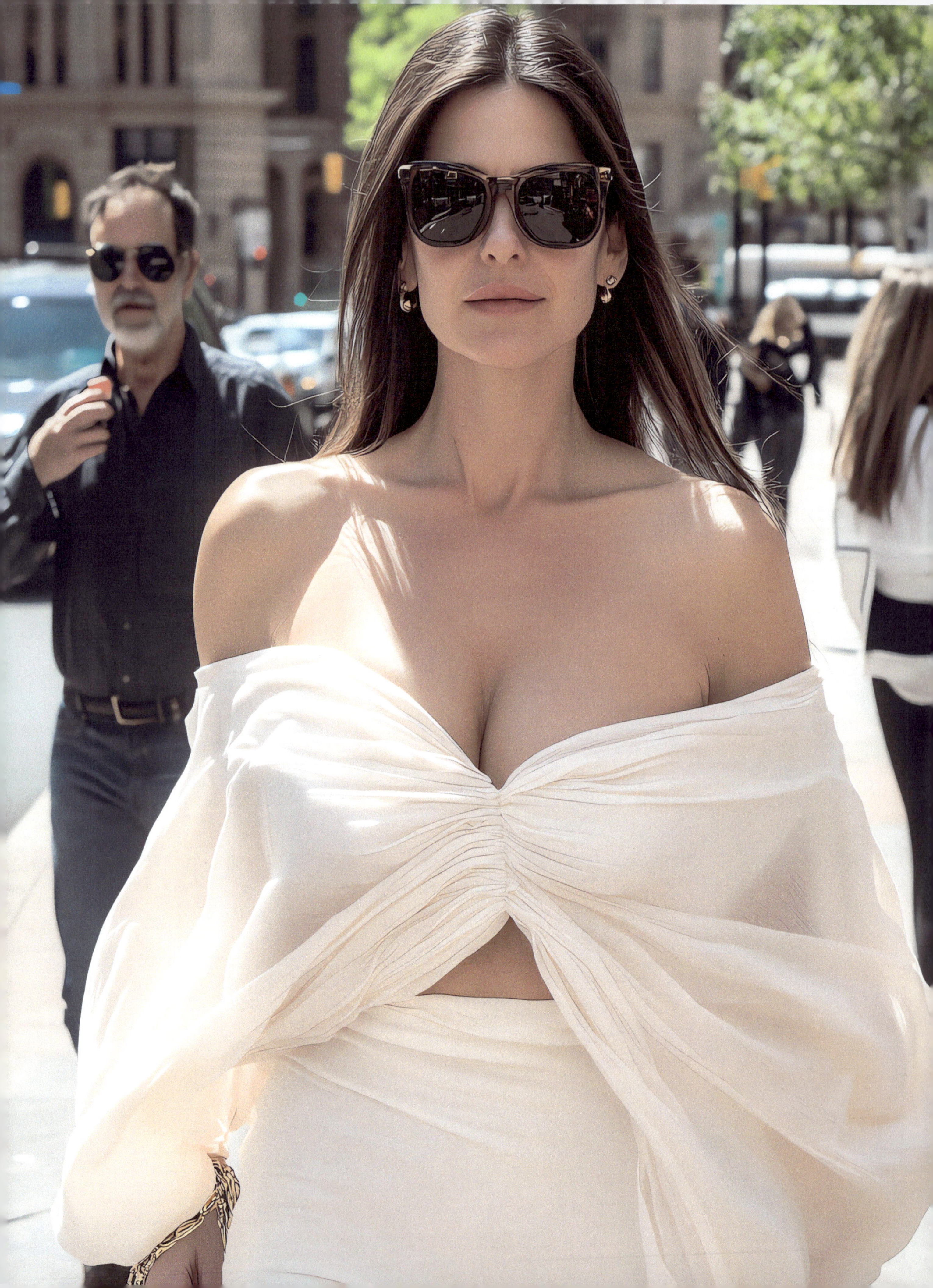

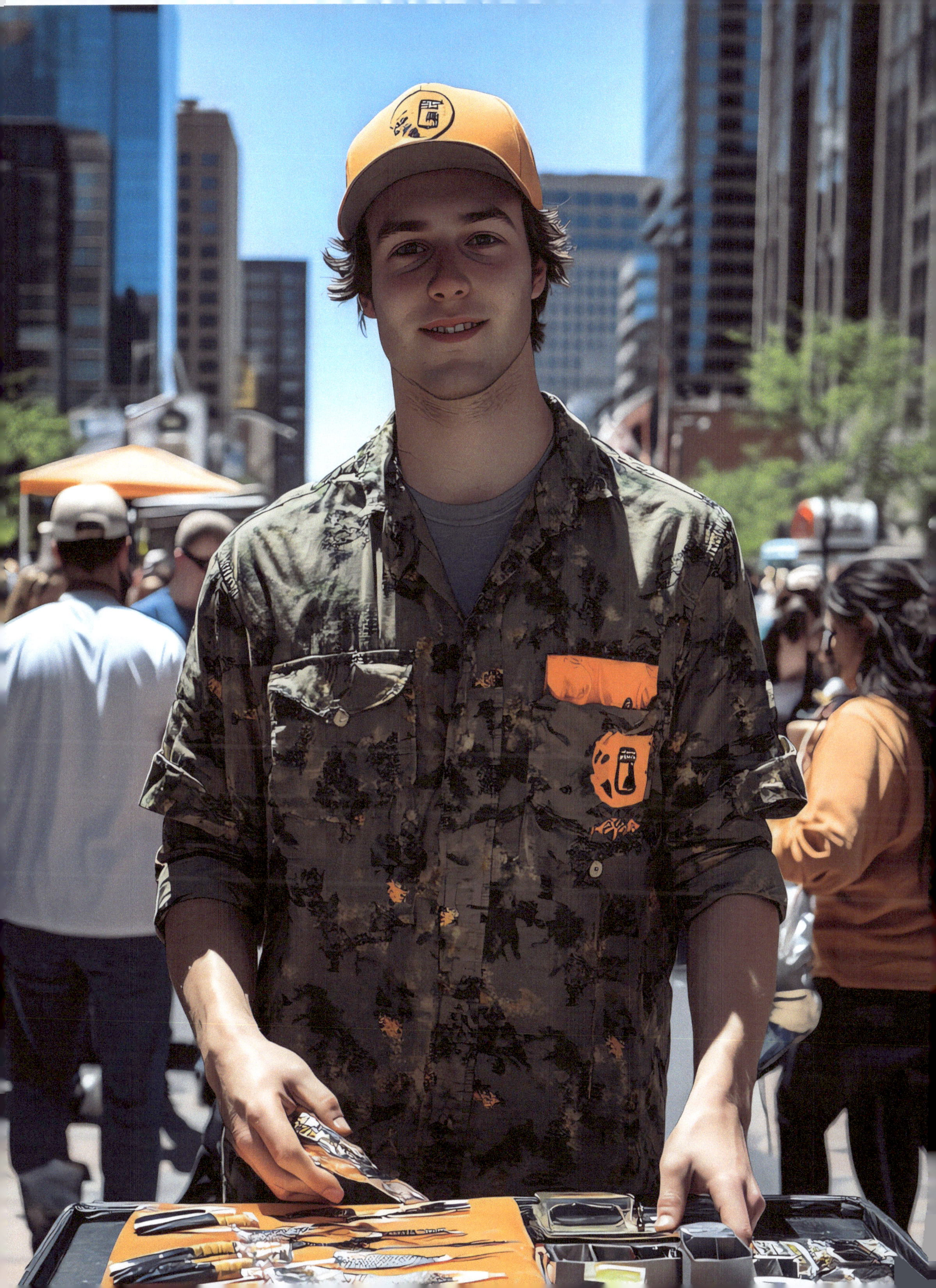

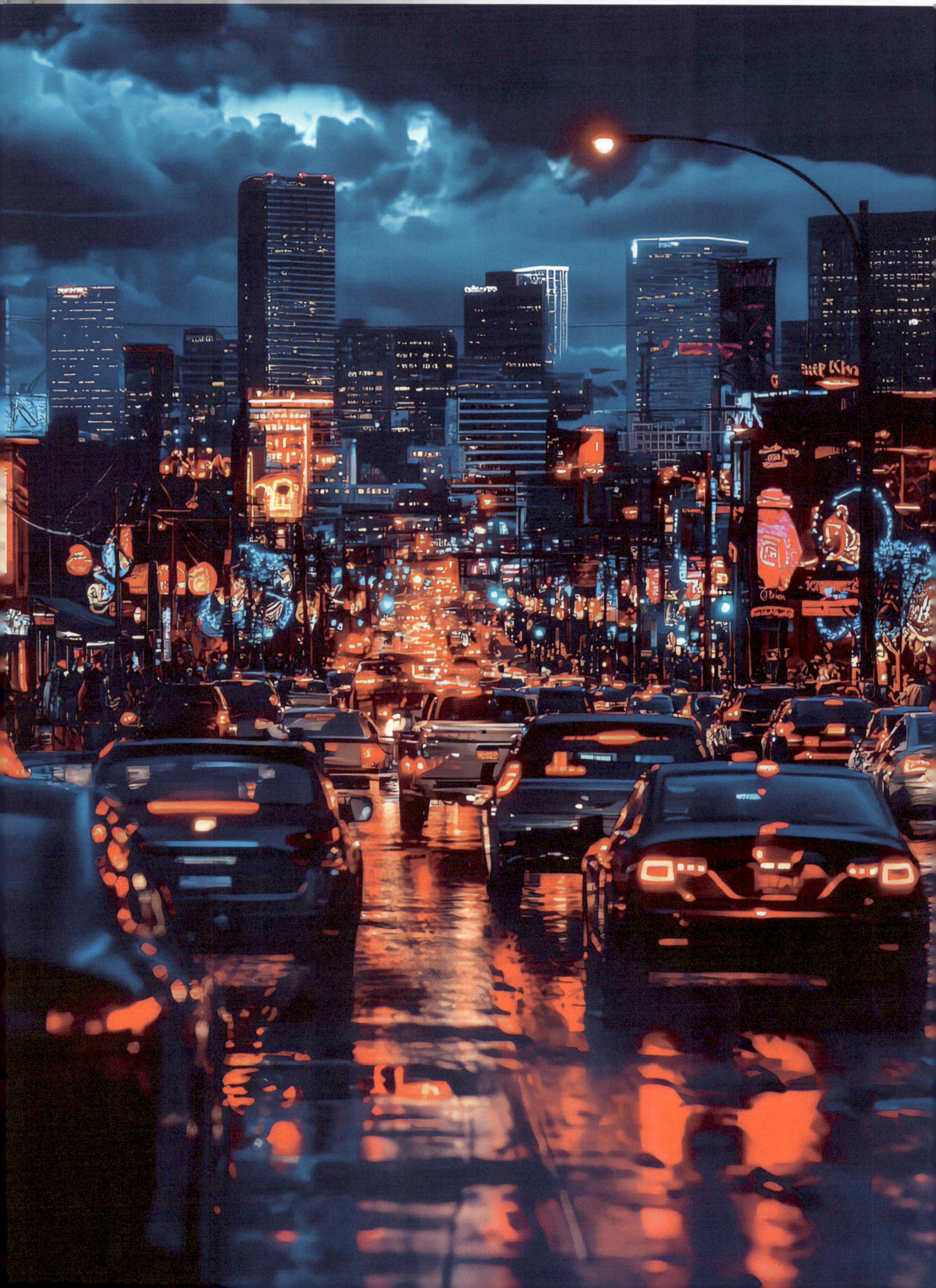

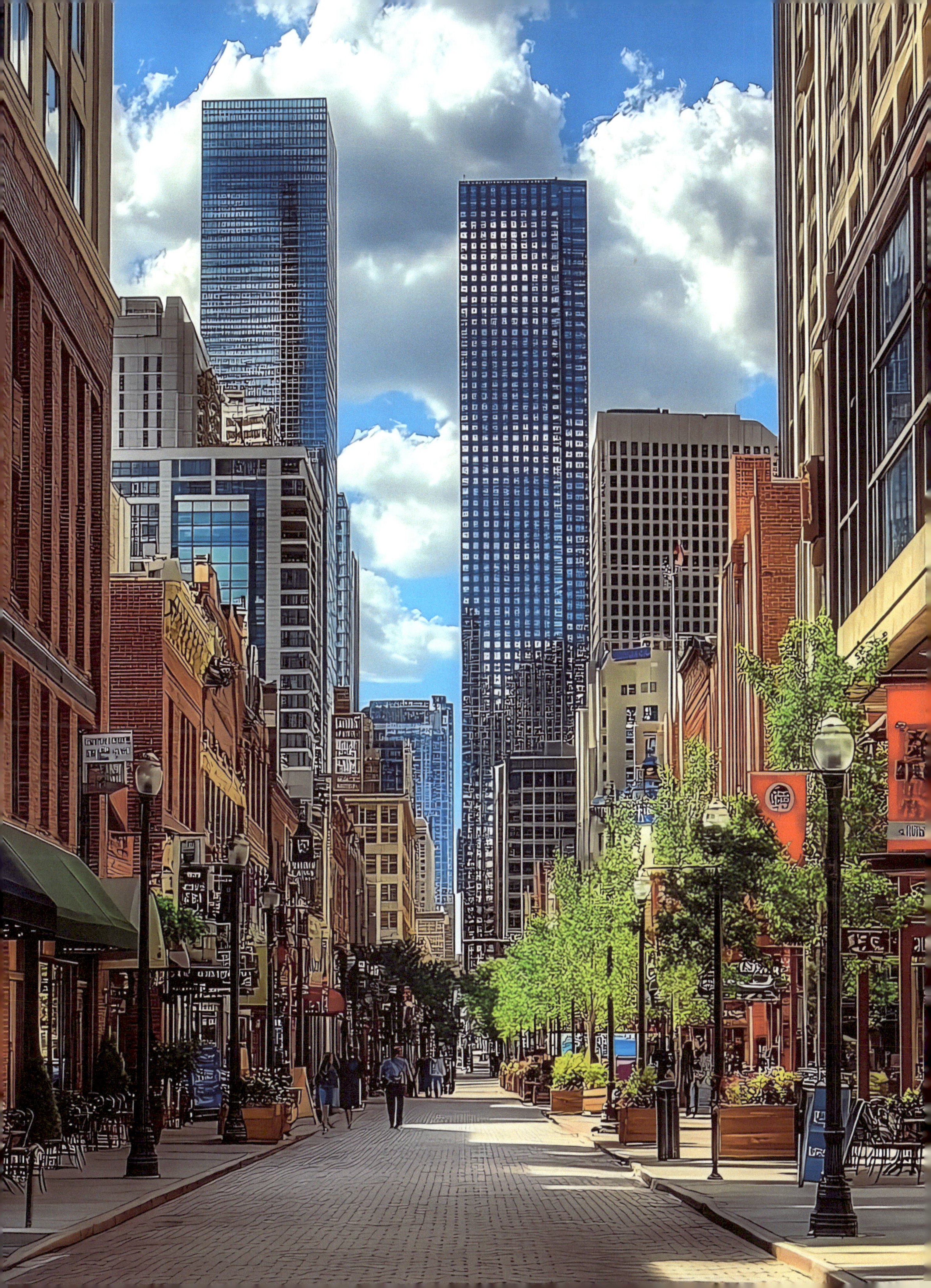

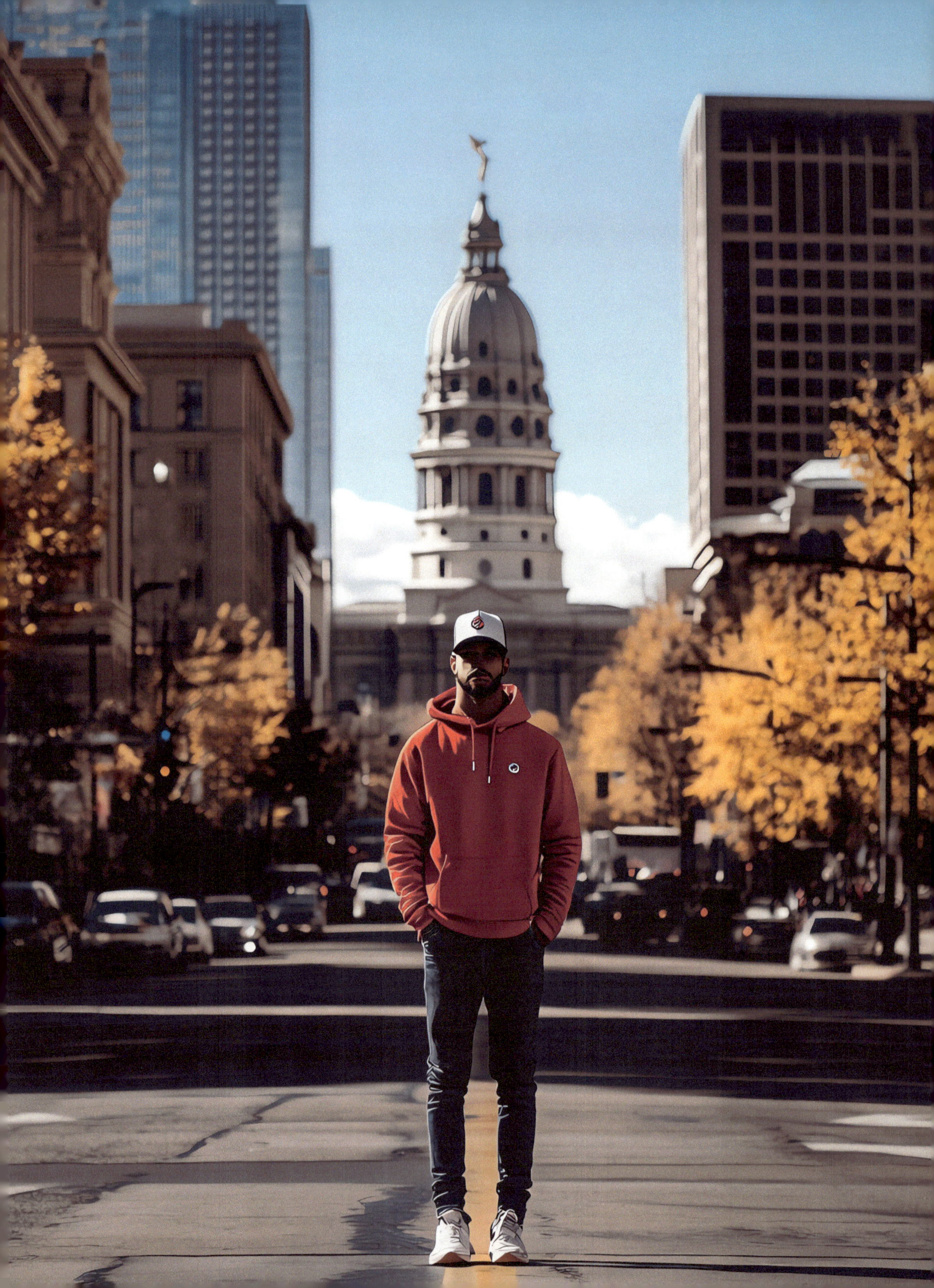

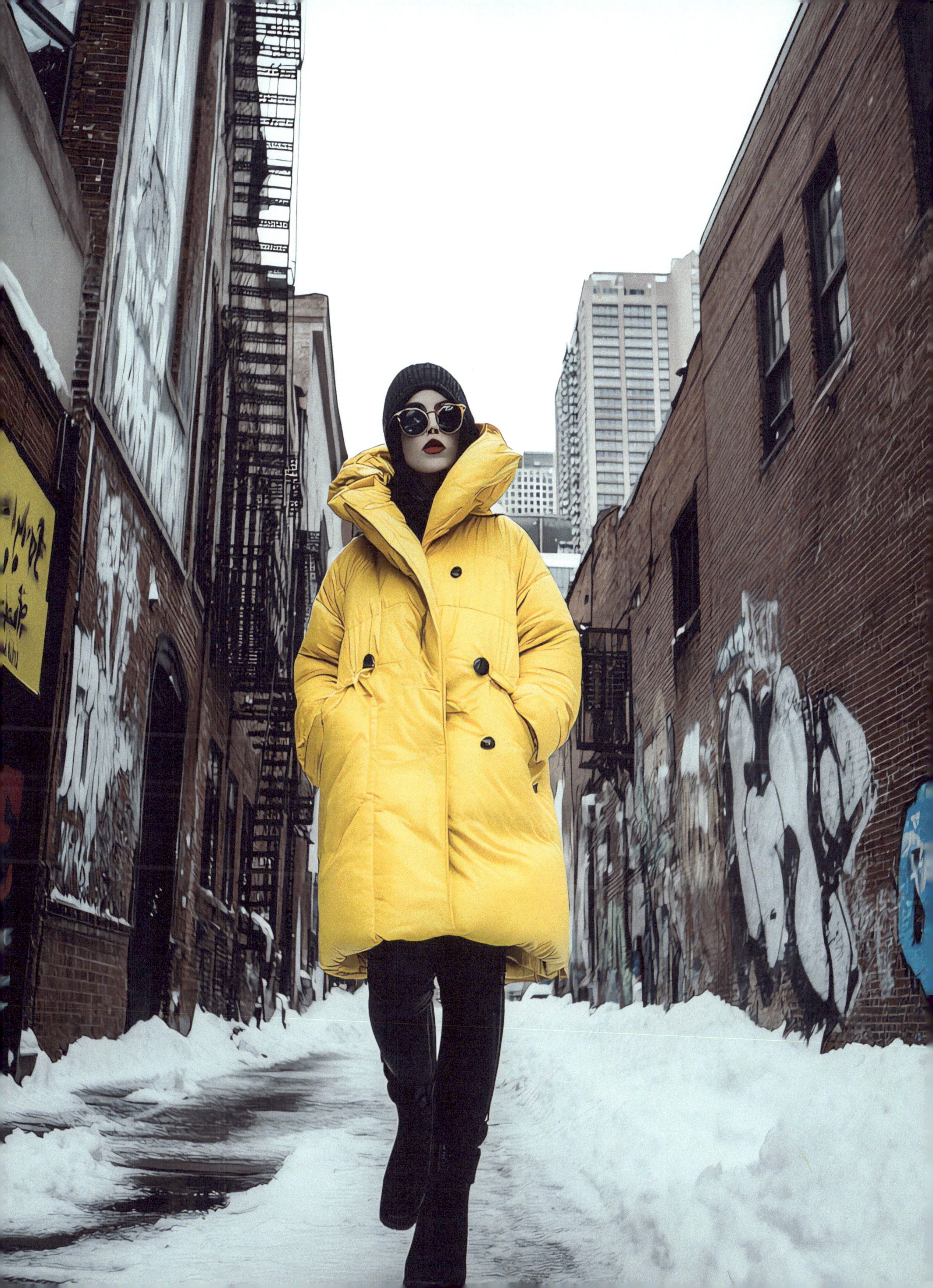

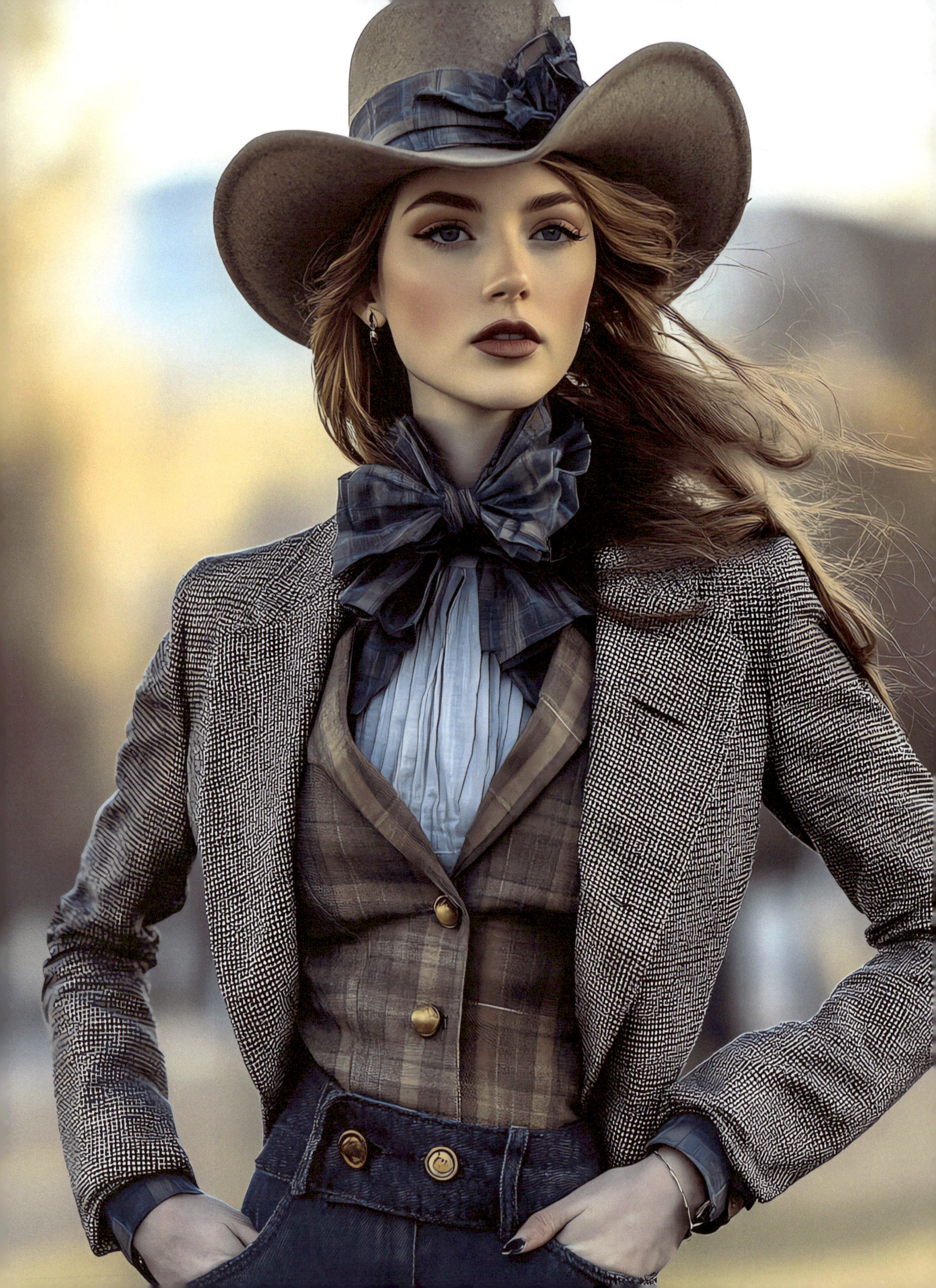

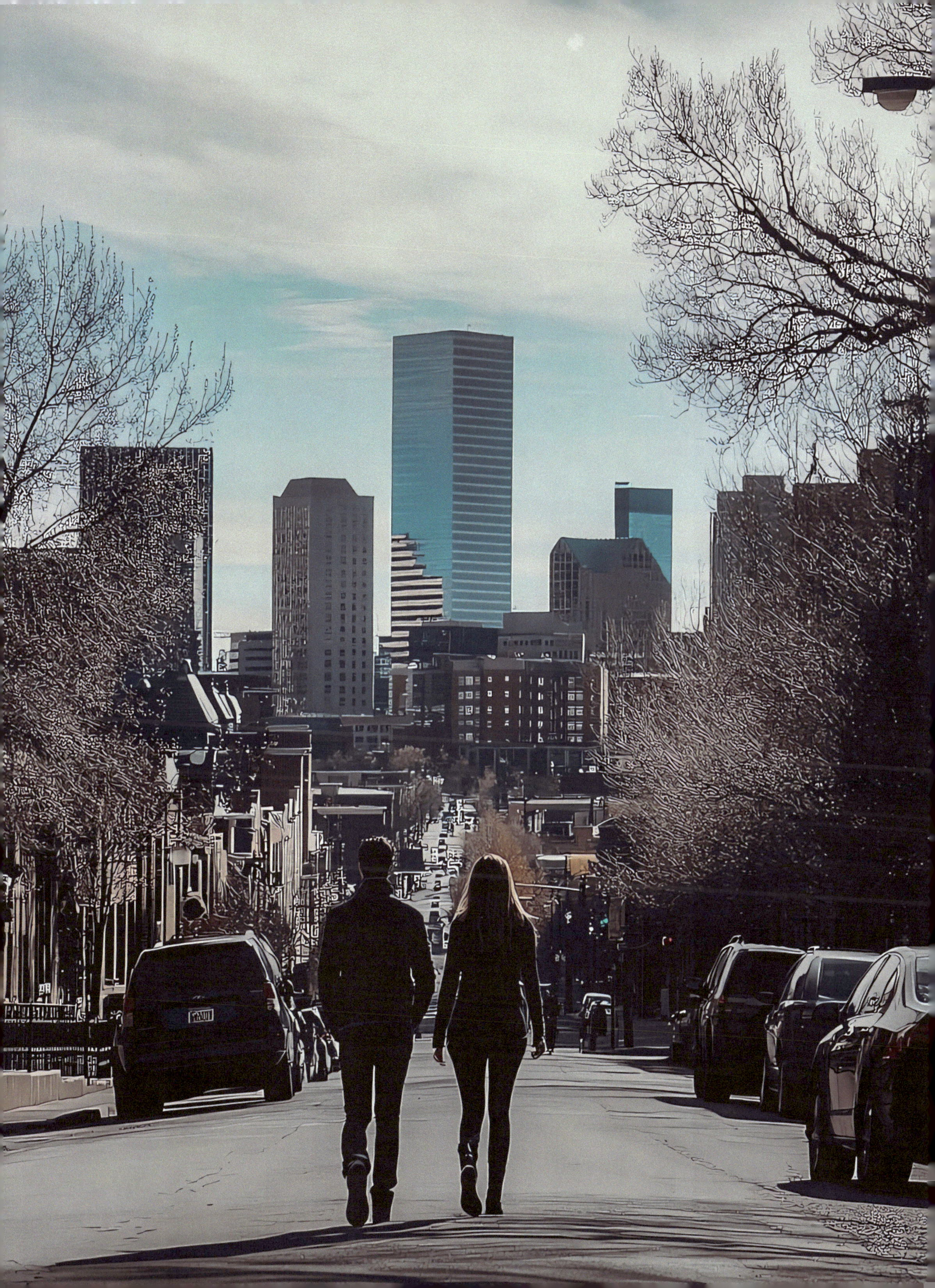

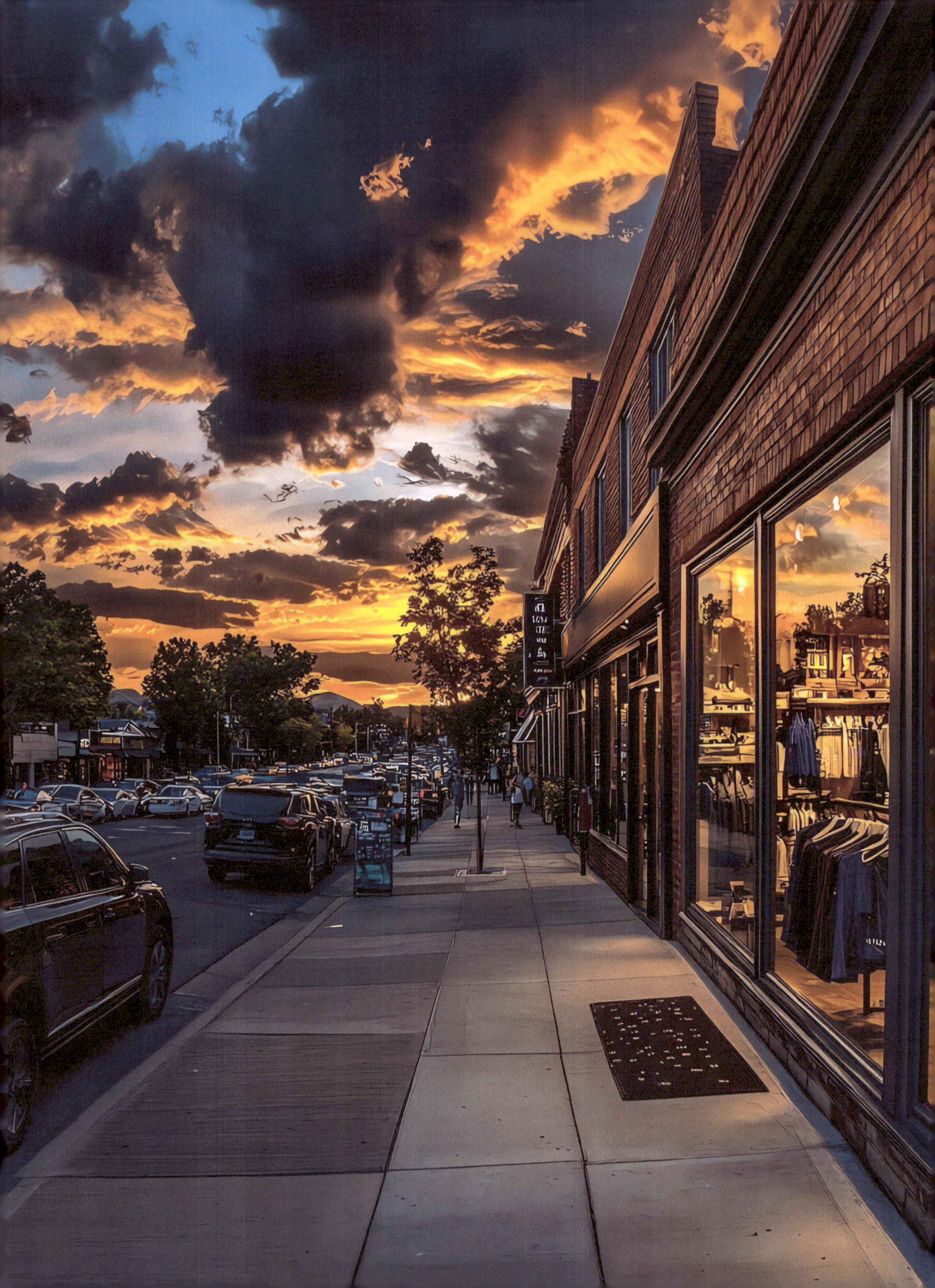

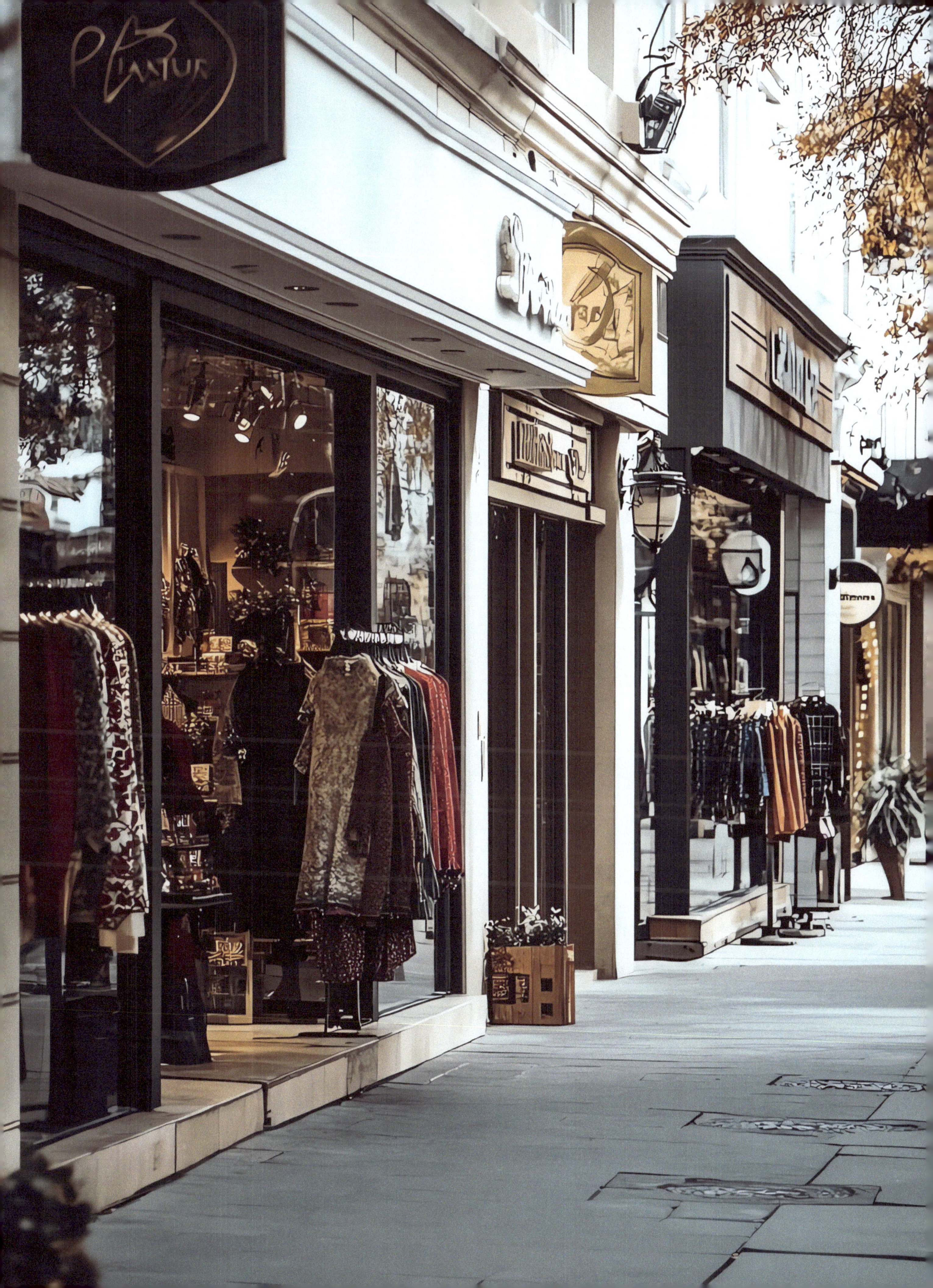

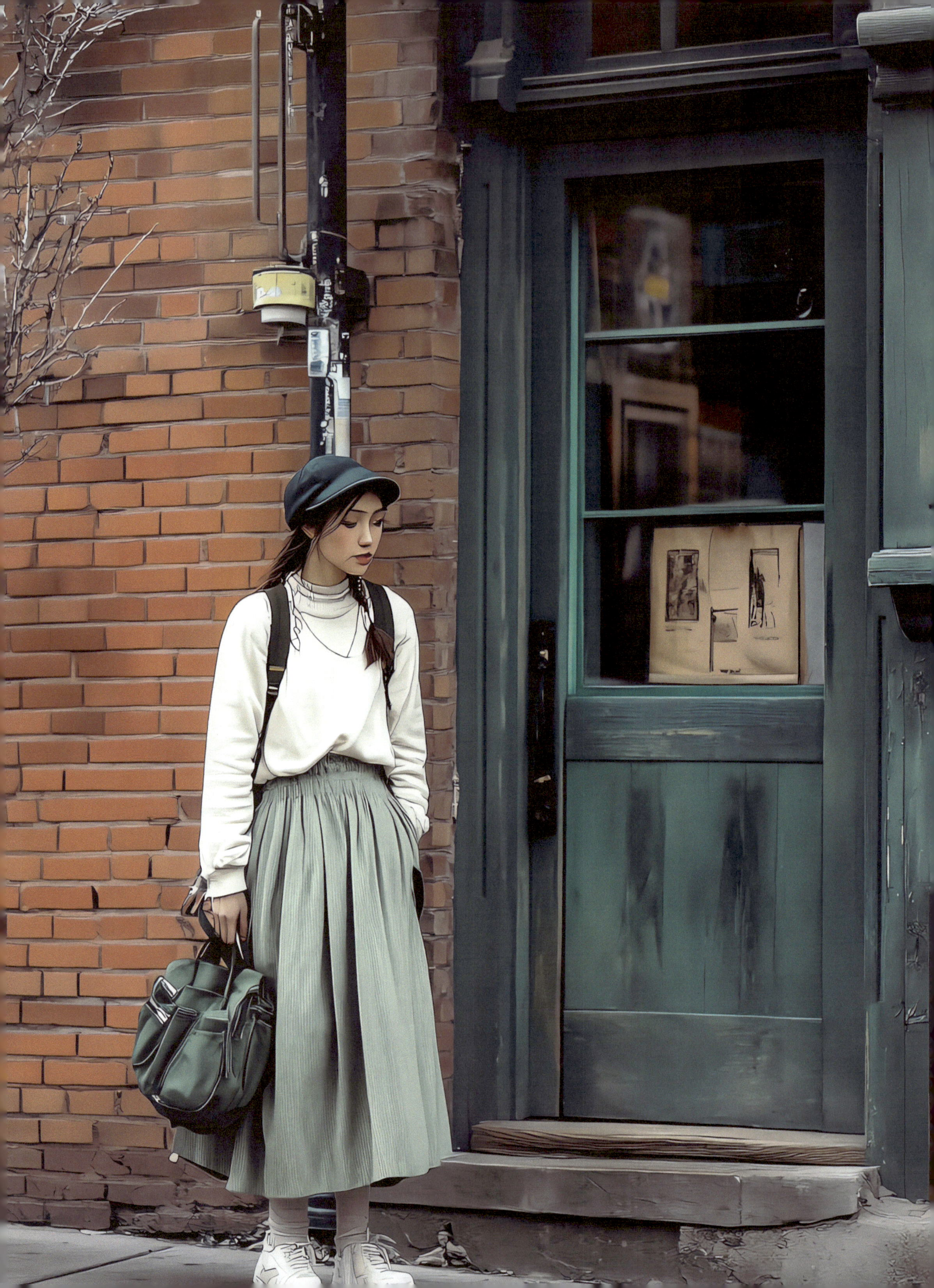

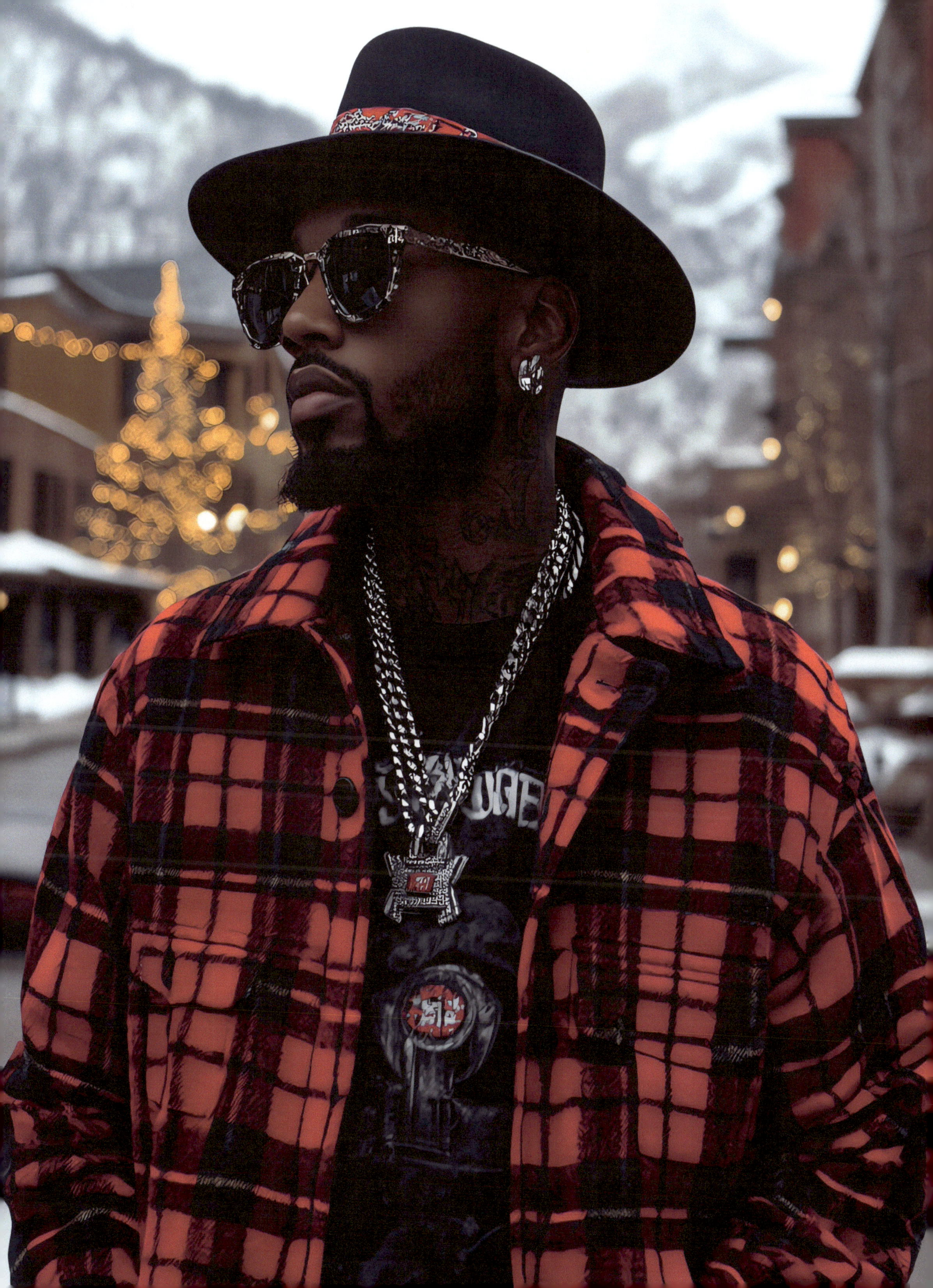

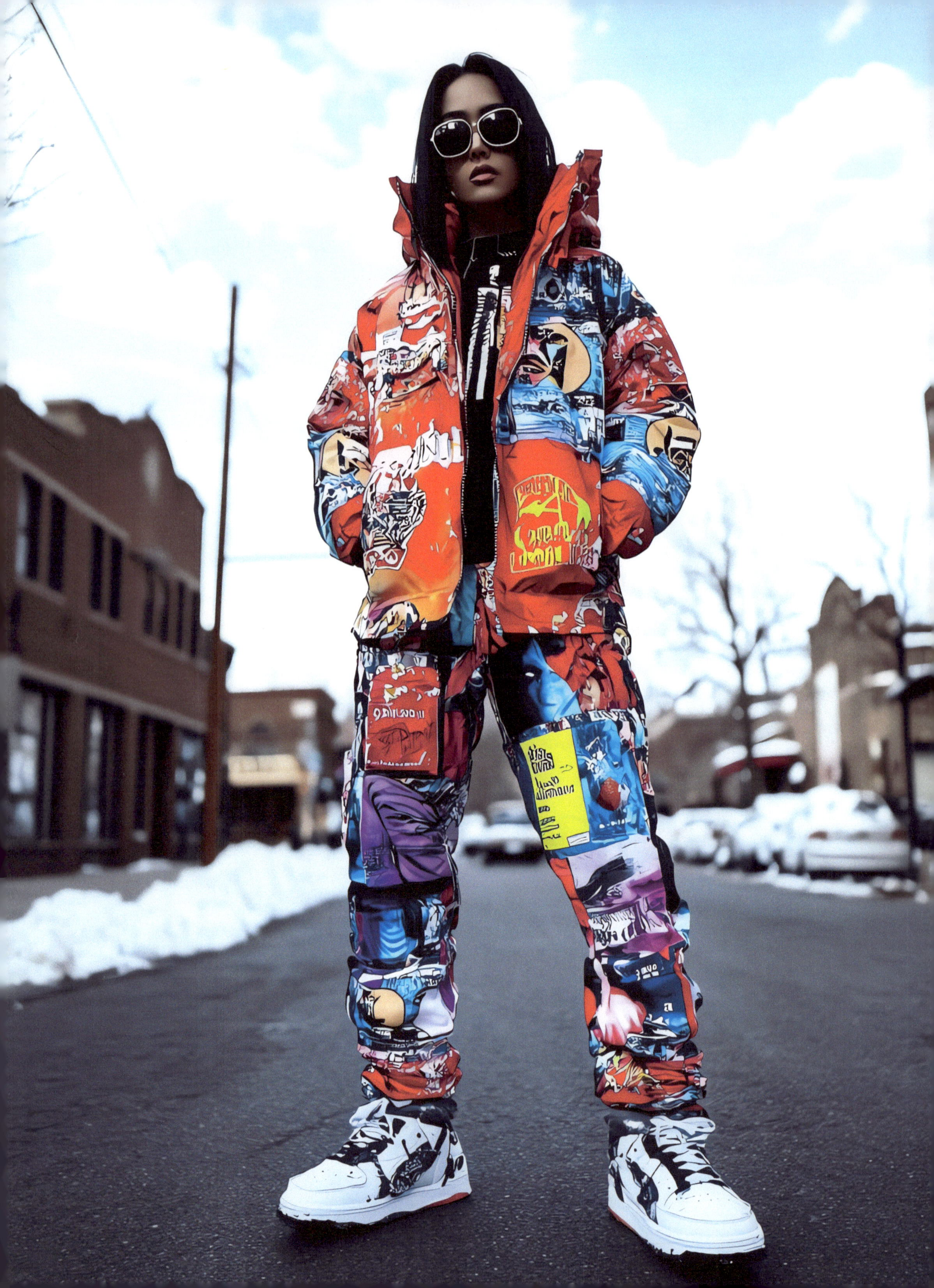

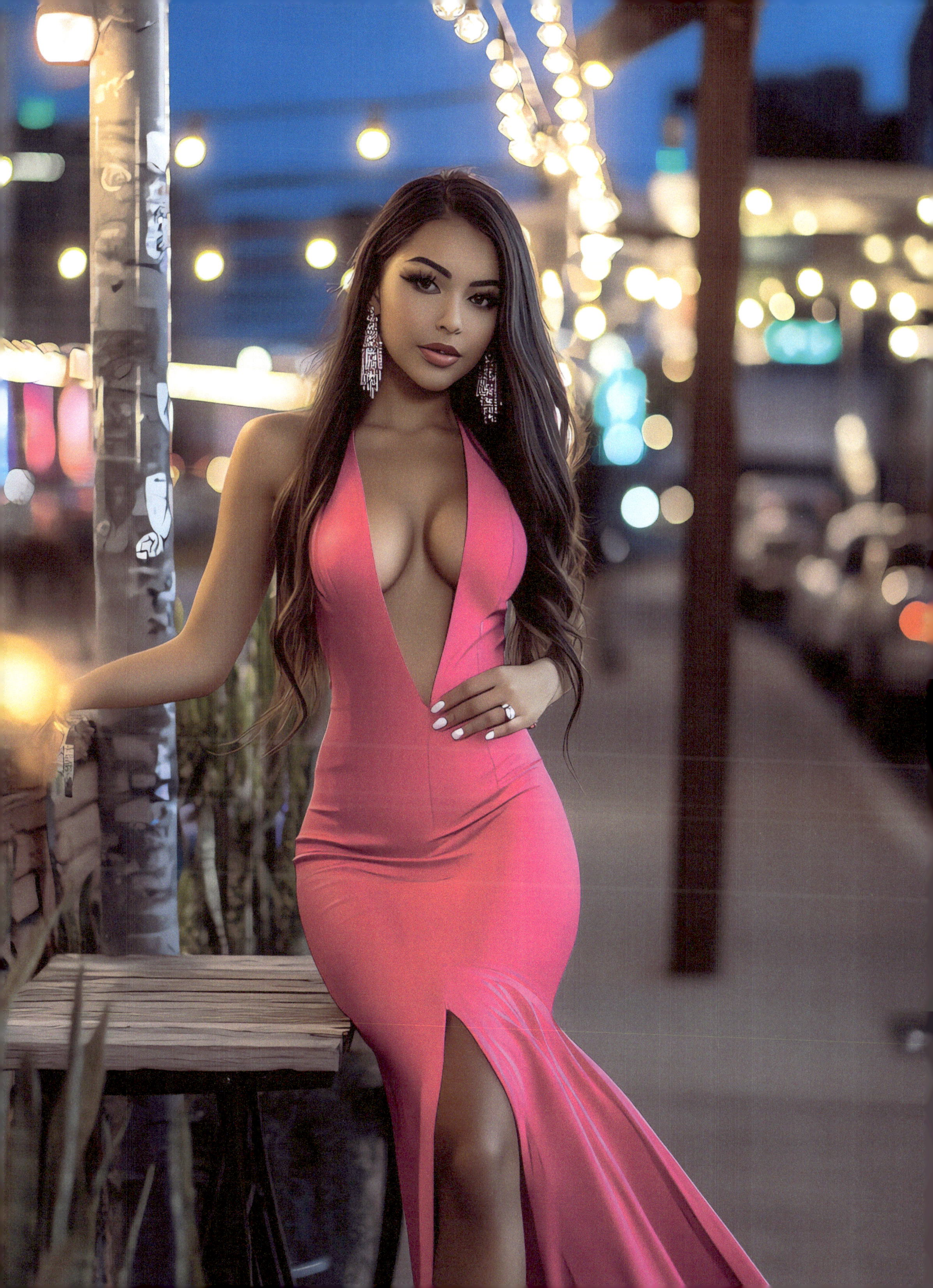

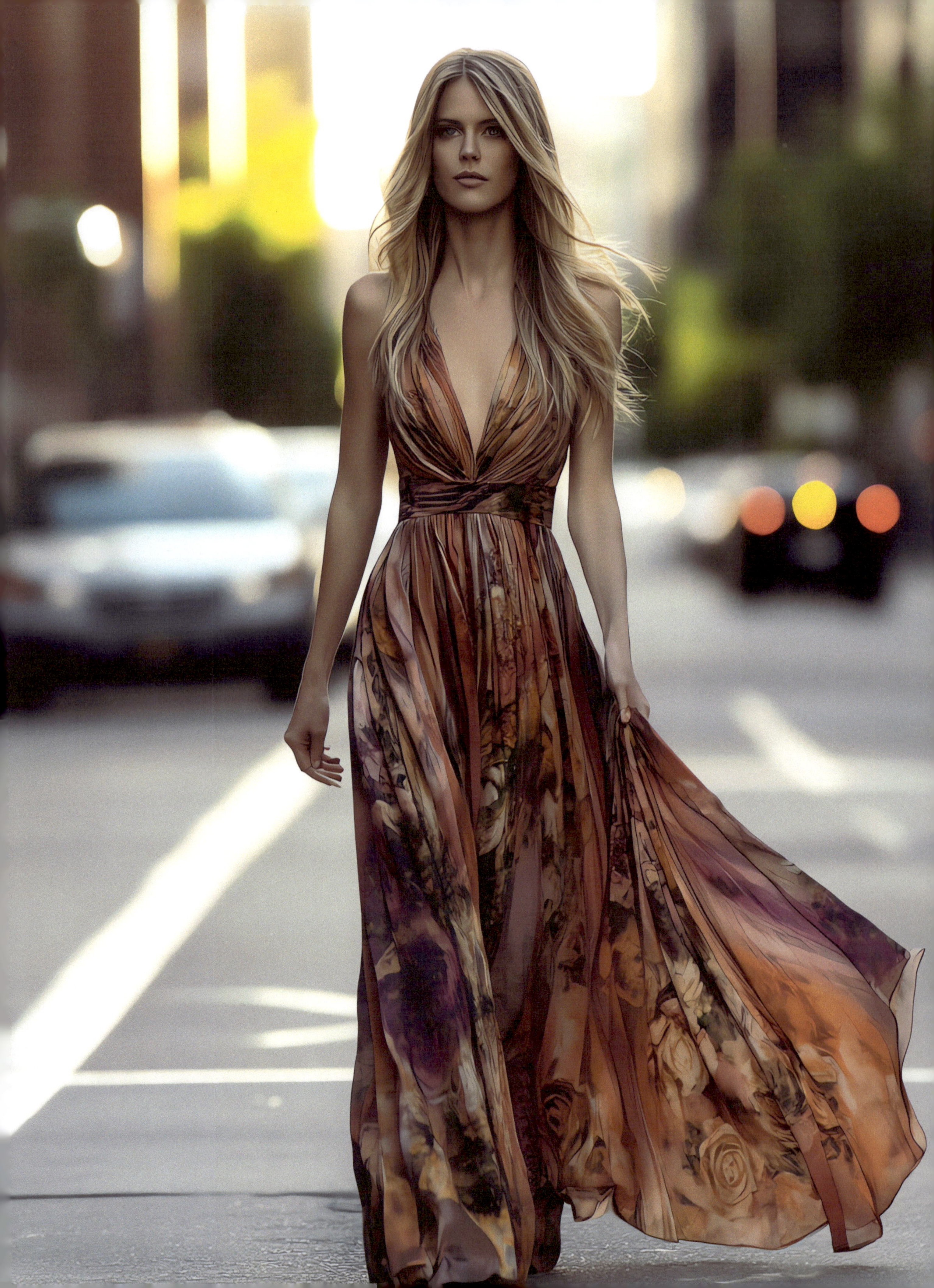

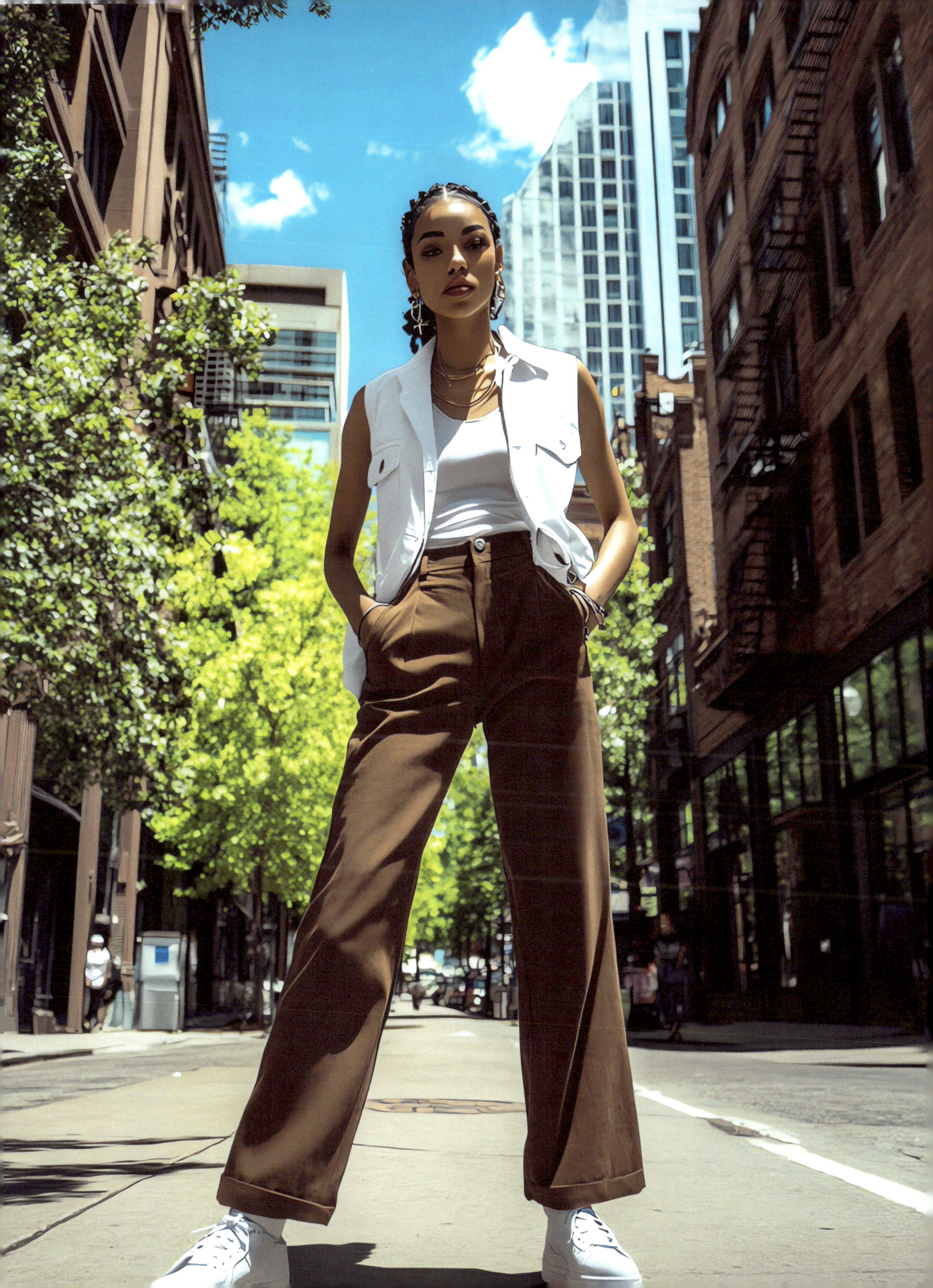

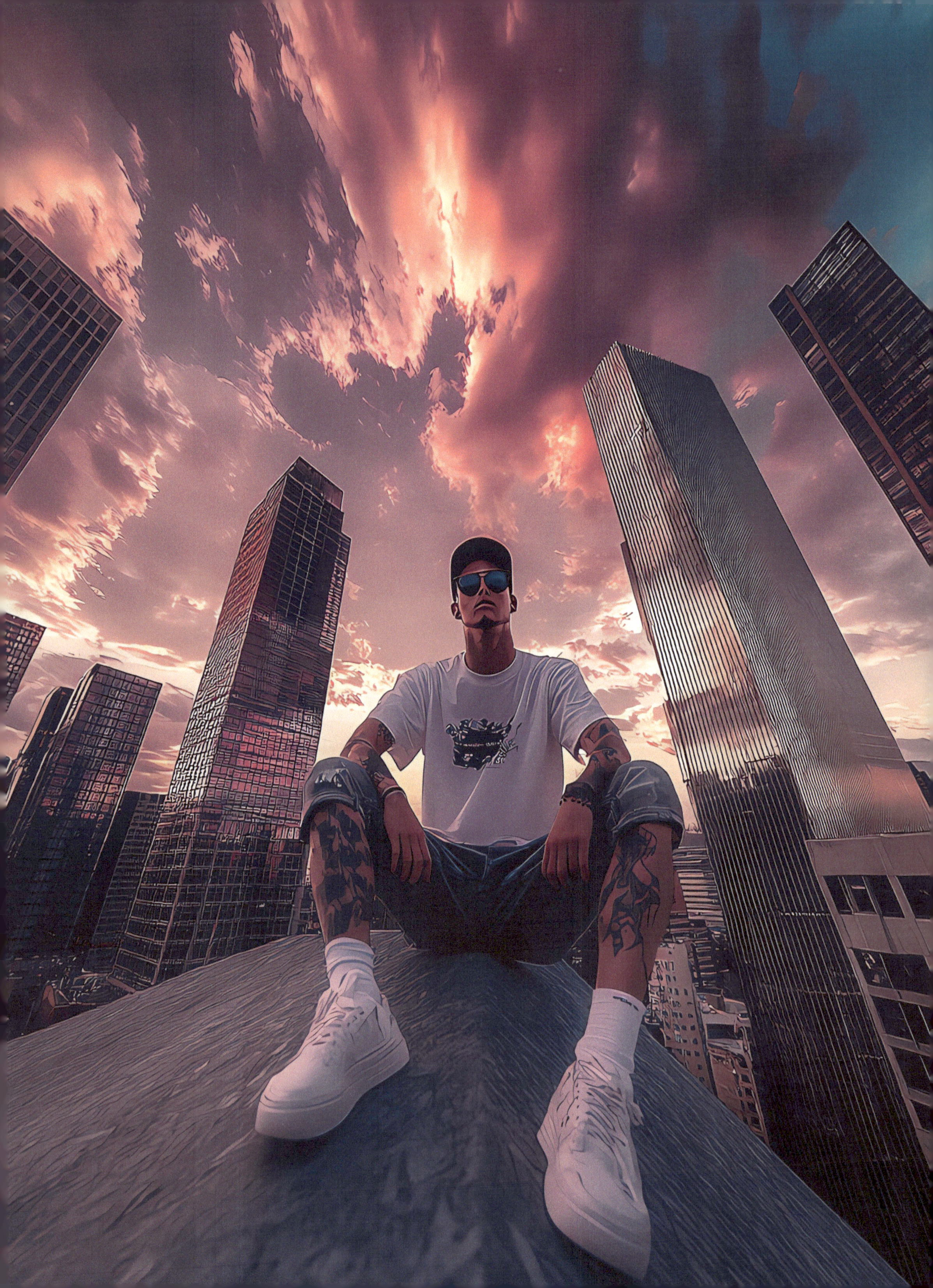

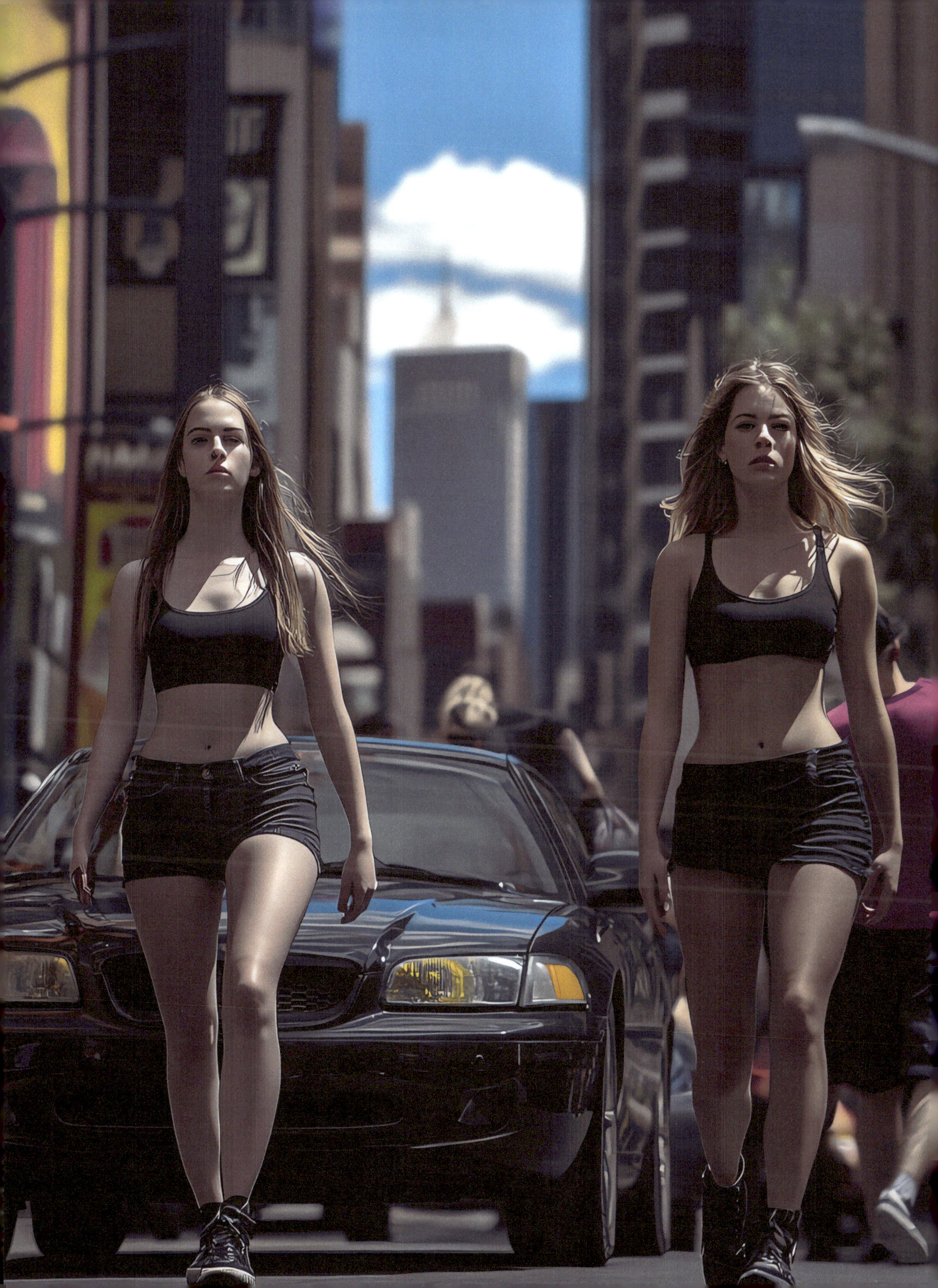

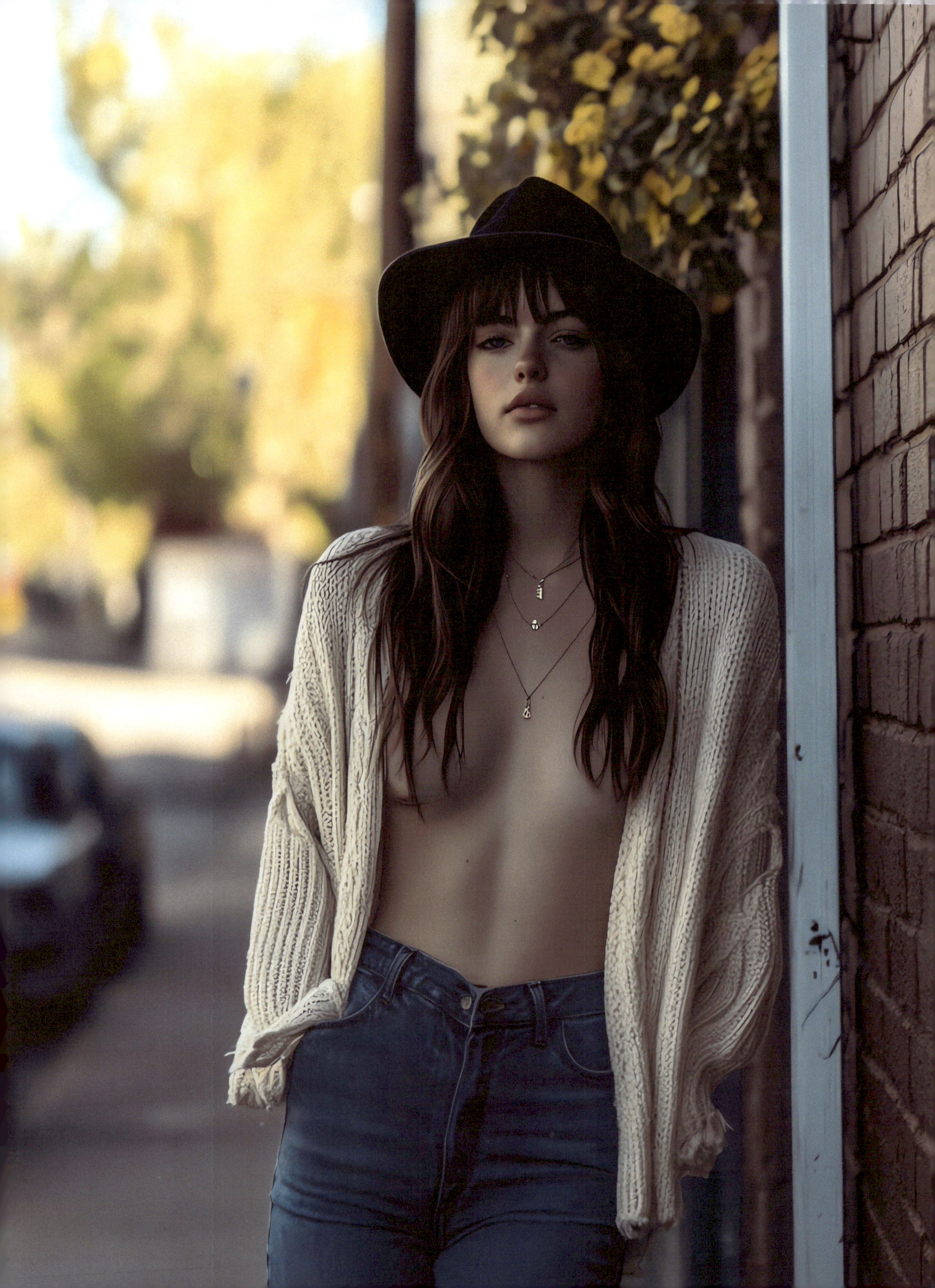